Global Energy Interconnection
Development and Cooperation Organization
全球能源互联网发展合作组织

西亚能源互联网研究与展望

全球能源互联网发展合作组织

中国电力出版社
CHINA ELECTRIC POWER PRESS

前言

　　亚洲经济体量大，是世界经济发展的重要引擎，绝大多数国家为发展中国家，发展潜力大。当前亚洲在发展中面临着国家间经济发展差距悬殊、能源安全保障困难、碳排放强度高、应对气候变化压力大等严峻挑战，可持续发展需求迫切。可持续发展的核心是清洁发展，关键是推进能源生产侧实施清洁替代，以太阳能、风能、水能等清洁能源替代化石能源；能源消费侧实施电能替代，以电代煤、以电代油、以电代气、以电代柴，用的是清洁电力。亚洲能源互联网为清洁能源大规模开发、输送、使用搭建平台，是构建清洁主导、电为中心、互联互通、共建共享的现代能源体系的核心，将促进亚洲经济繁荣、社会进步和生态保护的全面协调发展。

　　西亚位于亚洲西部，地处亚、欧、非三大洲交汇处，地理位置优越，油气及清洁能源资源极为丰富。目前，石油输出国经济发展主要以石油产业为基础，非石油输出国经济多以农牧业为主，经济结构较为单一。为实现西亚经济多元化发展和低碳转型，推动西亚清洁能源资源优势转化为经济优势，提升各行业电气化水平，以清洁电力满足国家经济发展和产业转型升级的用能需求，发挥区位优势扩大能源合作范围和互联规模，亟须构建西亚能源互联网。西亚能源互联网作为亚洲能源互联网的重要组成部分，是全局性、系统性、创新性的解决方案，对亚洲能源互联网的整体发展和推动世界能源转型具有重要意义。

　　本报告为亚洲能源互联网研究系列成果之一，内容共分 8 章：第 1 章介绍西亚经济社会和能源发展现状；第 2 章分析能源可持续发展面临的挑战，提出西亚能源可持续发展思路与方向；第 3 章在实现全球温控目标的指引下，展望西亚能源电力转型发展趋势，提出情景预测；第 4 章研究清洁能源资源分布和大型发电基地布局；第 5 章基于电力平衡分析，研究提出电网互联总体格局和互联方案；第 6 章评估构建西亚能源互联网所能带来的综合效益；第 7 章展望了实现全球 1.5 摄氏度温控目标的西亚能源电力清洁发展路径与情景方案；第 8 章提出相关政策机制。

　　本报告编写过程中得到了联合国西亚经济社会委员会的大力支持，在此表示感谢。希望本报告能为政府部门、国际组织、能源企业、金融机构、研究机构、高等院校等开展政策制定、战略研究、技术创新、项目开发、国际合作提供参考。受数据资料和研究编写时间所限，内容难免存在不足，欢迎读者批评指正。

研究范围

报告研究范围包括沙特阿拉伯、伊朗、伊拉克、阿联酋、巴林、约旦、科威特、卡塔尔、阿曼、黎巴嫩、叙利亚、也门、阿富汗等国家❶。

西亚研究范围示意图

---

❶ 本报告对任何领土主权、国际边界疆域划定及任何领土、城市或地区名称不持立场，后同。

摘要

西亚位于亚洲、非洲、欧洲三大洲的交界地带，被称为"五海三洲之地"，是联系亚、欧、非三大洲和沟通大西洋、印度洋的枢纽。西亚油气资源十分丰富，是目前世界上石油储量最丰富、产量最大和出口量最多的地区。为实现西亚可持续发展，需以能源转型为主线，充分利用丰富的清洁能源资源和地理位置优势，以能源电力互联互通为契机，打造"区内双中心，跨洲跨区连接亚欧非"的西亚能源互联网，成为外送亚欧非的大型清洁能源基地，通过清洁能源产业发展带动经济结构多元化升级，摆脱对化石能源资源依赖，促进区域协同发展。

西亚经济社会发展高度依赖化石能源，可持续发展面临诸多挑战，转型任务迫切。 2017年，西亚各国国内生产总值（GDP）为 2.7 万亿美元，约占亚洲的 10%。工业基础普遍较为薄弱，经济结构以传统化石能源出口为主，石油出口总额占 GDP 的 44.2%。石油、天然气占能源生产总量比重分别为 73%、26%，清洁能源生产占能源生产总量的比重不足 1%，低于全球平均水平。目前，西亚油气开采已经接近生产峰值，随着本地区能源需求持续增长，油气出口能力逐步下降。全球能源转型加速，总体油气需求下降，也将对西亚石油出口国产生重大影响。西亚地区沙漠化和污染问题严重，温室气体人均排放量大，国际碳减排压力增大，气候变化引起极端高温、降水减少，也进一步加剧水资源短缺问题，对实现西亚可持续发展带来挑战。

实现西亚能源可持续发展，需坚持发展与转型并举，通过能源供应清洁化、消费电气化和配置广域化，推进能源清洁转型及经济多元化发展。 供应侧以清洁能源替代石油、天然气和传统生物质，实现能源供应多元化、清洁化发展；消费侧加快推进终端电能替代，提高用能效率，能源消费向电为中心转变；能源配置充分发挥与周边地区清洁能源资源互补性强、地理联系紧密、处于亚欧非枢纽位置等优势，扩大互联规模，实现与欧洲、北非和南亚电网互联，增强区域能源合作。

　　西亚能源需求持续增长，能源结构清洁化水平大幅提升，交通和工业领域电气化、电制氢和海水淡化等成为电力需求增长驱动力。能源清洁转型背景下，2025、2030、2035 年和 2050 年一次能源需求发展目标将分别达 13.7 亿、15.6 亿、16.8 亿吨标准煤和 19.1 亿吨标准煤，人均能源需求从 2017 年 3.9 吨标准煤小幅提升至 2050 年的 4.2 吨标准煤；石油、天然气需求分别在 2030、2025 年左右达峰，能源结构清洁化水平大幅提升，2050 年清洁能源占一次能源的比重达到 58%；终端用能电气化水平不断提升，电能 2040 年左右成为占比最高的终端能源品种；氢能需求逐步增长，2050 年达 820 万吨，占终端能源的比重约 3%；电力需求总量增长迅速，2025、2030、2035 年和 2050 年西亚用电量发展目标将分别达到 1.6 万亿、2.1 万亿、2.6 万亿千瓦时和 3.9 万亿千瓦时，2050 年电力需求是 2017 年的 3.9 倍；供热／制冷是西亚电力需求增长的主要驱动力，电制氢、交通领域电能替代和海水淡化成为新兴用电需求增长点，2050 年供热／制冷领域、电制氢、电动汽车、海水淡化用电需求分别为 1.4 万亿、2390 亿、3930 亿千瓦时和 2520 亿千瓦时，占总电力需求的比例分别约 36%、6%、10% 和 6%。

　　发挥清洁能源资源丰富优势，装机结构向清洁能源为主导转变，因地制宜推动清洁能源集中式和分布式协同开发。能源清洁转型背景下，2025、2030、2035 年和 2050 年西亚电源装机发展目标将分别达到 5.9 亿、8.4 亿、10.5 亿千瓦和 17.5 亿千瓦。2050 年清洁电源装机达到 14.3 亿千瓦，占西亚总装机的比重提升至 82%；统筹清洁能源资源分布、开发条件及各国能源电力发展规划，2050 年在西亚重点开发 8 个风电基地，总装机容量约 6300 万千瓦；15 个太阳能基地，总装机容量约 3.9 亿千瓦。

　　西亚借助区位优势和资源优势，区内总体电力流呈现"双中心向四周外送"的格局，跨洲跨区形成向南亚和欧洲送电格局。沙特阿拉伯、伊朗、阿曼和阿联酋是西亚主要的电力外送基地，阿富汗、科威特、巴林和卡塔尔为主要的电力受入中心。西亚地区跨洲跨区及区内各国间

的电力交换和相应的电网互联规模逐步增大，**2035 年**跨洲跨区电力流 3100 万千瓦，分别向印度、巴基斯坦、土耳其和埃及外送电力 800 万、800 万、800 万千瓦和 300 万千瓦，与埃塞俄比亚互济电力 400 万千瓦，区内跨国电力流 3275 万千瓦，以沙特阿拉伯外送邻国电力 1200 万千瓦为主。**2050 年**跨洲跨区电力流 5700 万千瓦，主要向南亚送电 2800 万千瓦，向土耳其、保加利亚和埃及分别送电 1200 万、400 万千瓦和 700 万千瓦，与埃塞俄比亚互济 400 万千瓦，从中亚受电 200 万千瓦；区内跨国电力流 5050 万千瓦，以沙特阿拉伯和伊朗的太阳能外送为主，规模分别达到 2600 万千瓦和 1100 万千瓦。

结合西亚各国电网发展及大型清洁能源基地开发情况，利用特高压交直流等先进输电技术，**2050 年西亚总体形成"区内双中心，跨洲跨区连接亚欧非"的大型清洁能源外送平台格局，**即区内以沙特阿拉伯和伊朗电网为双中心，各国电网实现广泛互联，跨洲跨区向东与南亚、向西通过埃及和埃塞俄比亚与非洲、向北与欧洲，连接大型清洁能源基地和负荷中心的交直流互联电网。**跨洲跨区**以太阳能基地电力外送通道为主，西亚与南亚通过 3 条 ±800 千伏、1 条 ±660 千伏直流互联；与欧洲通过 2 条 ±800 千伏直流互联；与非洲通过 2 条 ±660 千伏、1 条 ±500 千伏三端直流互联。**区内**沙特阿拉伯建成围绕首都利雅得及西部沿海的 1000 千伏特高压电网，并通过特高压交流输电通道向南部太阳能基地延伸；伊朗形成围绕中部负荷中心的 765 千伏"日"字形环网，并向南北延伸 765 千伏输电线路消纳太阳能基地的清洁电力；各国均形成 400/500 千伏交流主网架，覆盖清洁能源基地和主要负荷中心。

建设西亚能源互联网，综合效益显著。经济效益方面，到 2050 年，西亚能源互联网建设累计投资 3.28 万亿美元，跨区电力输送规模达 2850 亿千瓦时，形成以电力促工业、以贸易促投资的良性经济发展模式，并带动上下游产业链相关产业协同发展。社会效益方面，推动当地基础设施建设与升级，从而创造和释放更多就业岗位，到 2050 年西亚能源互联网建设将创造约

1900 万个就业岗位。环境效益方面，西亚能源互联网建设可有效减少温室气体排放，到 2050 年，能源系统二氧化碳排放降至 11 亿吨 / 年；减少气候相关灾害，减少大气污染物排放，到 2050 年可减少排放二氧化硫 130 万吨 / 年、氮氧化物 460 万吨 / 年、细颗粒物 40 万吨 / 年，提高土地资源价值 80 亿美元 / 年。政治效益方面，通过西亚能源互联网的建设，建立能源、投资、经贸、安全等多层面、多领域的交往与合作机制，加强政治互信；以电力设施互联建设带动区域民心相通，推动政府间相关政策的积极协同，形成多领域全方位的互利共赢合作模式。

着眼于助力实现全球 1.5 摄氏度温控目标，西亚需要加速推动能源电力清洁低碳转型发展。与助力实现全球 2 摄氏度温控目标相比，2050 年化石能源需求减少 42%；提升清洁能源开发比例，2050 年清洁能源电源装机增加 36%；加快电能替代，2050 年电能占终端能源比重提升约 15 个百分点；加强电网互联互通，提升资源配置能力，增加区内跨国电力流规模约 500 万千瓦；加大投资力度，到 2050 年清洁能源开发和电网建设投资累计增加 10%。

目录

图表目录

■ 图目录

■ 表 目 录

Chapter 1

基本情况

西亚位于东半球大陆中心、亚洲西部，是联系亚、欧、非三大洲和沟通大西洋、印度洋的枢纽。总面积约为643万平方千米，约占亚洲面积的21%。西亚地区拥有黑海、地中海、红海、阿拉伯海、里海和波斯湾等重要国际海域。位于伊朗南岸的霍尔木兹海峡是波斯湾的唯一出口，航运十分繁忙。苏伊士运河和红海是亚非两洲的分界线，是沟通印度洋和地中海的重要航道。

1.1　经济社会

1.1.1　宏观经济

西亚各国经济整体保持稳步增长。2017年西亚各国国内生产总值（GDP）为2.7万亿美元，约占亚洲的10%，人均GDP为16731美元[1]。如图1-1所示，西亚多数国家保持经济正增长趋势。但沙特阿拉伯等国受石油价格影响，2017年GDP出现负增长。

图1-1　2017年西亚地区主要国家GDP和GDP增长率

西亚外商直接投资增速较快，主要集中在油气、化工等行业。由于西亚地区是世界石油资源主要出产区，2000—2006年是西亚外商直接投资（FDI）流入额全球占比的持续上升期，此后流入额占比总体上下起伏，2012年曾达历史最高点6.99%，2012年后整体持续下降，2016、2017年分别为2.58%、3.90%。2017年西亚地区的FDI流入额为558亿美元，FDI流入存量总额为11736亿美元。从FDI流入流量额来看，沙特阿拉伯一直是西亚地区最大的FDI接收国，但2017年沙特阿拉伯FDI流入额仅为14亿美元，同比下降74.5亿美元。其主要原因在于跨国公司去投资化和跨国公司之间相互负债的调整。当前约40%的FDI集中在沙特阿拉伯的炼油、石化、矿业、塑料、橡胶等行业。

---

[1]　数据来源：IMF数据库。无叙利亚和巴勒斯坦数据。

经济结构以传统化石能源出口为主体。西亚地区是主要的石油出口国所在地。"OPEC+"在 2018 年 8 月达成的减产协议，以及非石油 GDP 增长乏力等因素，导致石油出口国经济增长进一步下滑。2018 年，石油出口总额占西亚国家 GDP 的 44.2%，石油出口收入占国家财政收入的 80.7%。其中，科威特石油出口总额占 GDP 的比重近 50%，沙特阿拉伯、阿联酋、卡塔尔、阿曼则在 30%~46% 之间。随着可再生能源等新能源发展进程的不断加快，将进一步压缩以石油为主体呈单一产业结构的西亚经济发展空间，给西亚地区实现经济可持续发展带来挑战。

1.1.2　人文社会

区位优势明显，宗教文化历史悠久。西亚是亚欧非三大区域板块的接壤地带，具有传播文明的便利，也曾是全球商业中心。西亚拥有油气海上运输的咽喉要道，是中亚、里海油气向西输往欧洲，向东输往亚太地区的必经通道。也门扼守着有"世界战略心脏"之称的曼德海峡，它沟通红海、亚丁湾和印度洋，日输送石油 330 万桶左右，占全球日运输量的 10%；伊朗、沙特阿拉伯、卡塔尔、阿联酋围绕着霍尔木兹海峡，该海峡是波斯湾的出海口，从波斯湾出口的海上石油中约有 88% 会通过霍尔木兹海峡，大约每日 1700 万桶，占全球贸易量的 1/3；还有大约 1/4 的全球液化天然气通过该海峡，每年运输量约 7700 万吨。另外，格鲁吉亚还是里海油气输往欧洲的关键路径之一。从历史文化来看，由于西亚的特殊地理位置，东西方文化在这一地区交汇。西亚各民族仍然保留着各自的宗教信仰和风俗习惯。

人口红利显著，劳动力人口充足。2017 年西亚人口总数约 3 亿人，较上一年增长了约 1.7%，占亚洲人口总数的 6.8%。增速最快的国家主要有伊拉克、阿富汗和也门，增速分别达到 2.5%、2.5% 和 2.4%。人口结构方面，儿童（0—14 岁）、成年（15—64 岁）、老年（65 岁及以上）人口占比分别为 30%、65%、5%，如图 1-2 所示。西亚人口将维持较长时间的高速增长期。据联合国预测，2030 年西亚人口将接近 3.7 亿人，2050 年达到 4.5 亿人，年均增速 1.3%，西亚各国人口发展趋势如图 1-3 所示。

基础设施建设不断加强。近年来，海湾国家积极寻求收入来源多元化，通过扩大基础设施建设投资，带动工业、制造业发展，以减少对石油产业的依赖，为经济发展注入更多活力。电网建设、新能源发电投资力度不断加大。2014 年，海湾国家启动电网并网工程，帮助各国减少供电原因导致的断电事故。此外，海湾国家还计划投资 1550 亿美元于太阳能项目，其中包括迪拜计划投资 32 亿美元兴建马克图姆太阳能公园，发电能力 100 万千瓦，将于 2030 年完工；沙特阿拉伯拟在 2030 年以前新建 16 座核电站，耗资约 1000 亿美元，总发电量可达 2200 万千瓦；卡塔尔和科威特也已着眼于发展可再生能源。虽然西亚国家基础设施条件不断改善，但在

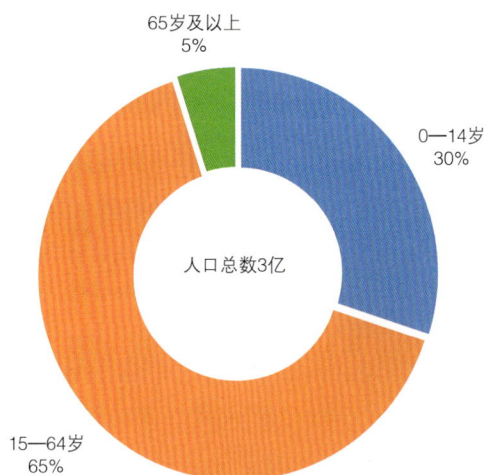

图 1-2　2017 年西亚人口年龄段分布 ❶

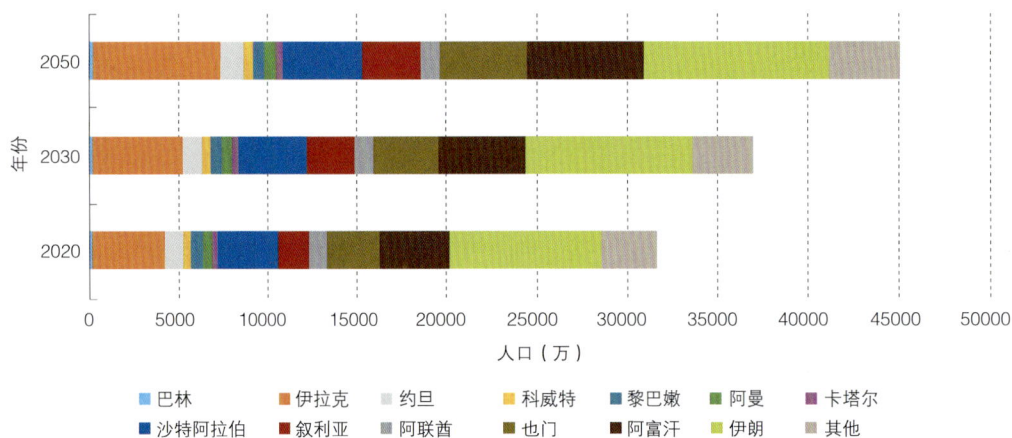

图 1-3　西亚各国人口发展趋势

改善社会贫困方面仍存在较大的提升空间。 2017 年，也门、阿富汗近一半人口处于国家贫困线以下，格鲁吉亚、亚美尼亚仍分别有 82 万、76 万贫困人口，分别占其国家人口总数的 21.9%、25.7%❷。

---

❶ 数据来源：世界银行，无巴勒斯坦数据。
❷ 数据来源：世界银行，贫困人口标准按其国家贫困线衡量（2011 PPP）。

1.1.3 区域合作

西亚区域合作持续深化。20世纪以来，西亚国家成立了诸多区域性组织，签订多项合作与发展协议。1945年，阿拉伯国家联盟❶（简称阿盟）成立，致力于阿拉伯国家的政治、经济和社会发展等工作，为推动阿拉伯经济的发展发挥了重要作用。在阿盟的框架下，阿拉伯国家还成立了阿拉伯经济统一理事会、阿拉伯经济和社会发展基金会、阿拉伯货币基金会等组织，其中阿拉伯货币基金会在向成员国提供中短期贷款、协助成员国融资、为成员国提供金融和经济政策咨询等方面做了大量有益的工作。1981年，海湾合作委员会成立（简称海合会），成员国包括阿联酋、阿曼、巴林、卡塔尔、科威特和沙特阿拉伯6国。自成立以来，海合会各成员国充分发挥语言和宗教相同、经济结构相似等方面的优势，积极推动经济一体化进程。2008年，海湾共同市场建立，极大地提高了区内劳动力流动、资本流动、土地交易的便利化程度，促进成员国的经济发展。同时，成员国组成关税联盟，货物只在进入区内时收取统一关税，在成员国间则可自由流动，无须再交纳任何费用。

基础设施互联互通日益兴起。为推动区域能源合作及电网建设，2001年，海合会成员国共同出资建立海合会互联电网管理局，负责海合会成员国家的电网互联。海合会互联电网工程分为三个阶段，第一阶段为北线的科威特、沙特阿拉伯、巴林和卡塔尔四国电网互联，第二阶段为南线的阿联酋和阿曼电网互联，第三阶段为南北线电网互联，三阶段工程于2011年全部完工，2014年实现电网的全面互联互通。此外，2009年1月，在首届"阿拉伯国家经济社会发展"科威特峰会上，阿盟成员国通过了建造跨洲电网和铁路、公路网的计划，提出改造现有铁路，引进先进的信息管理系统，再建40条连接阿拉伯国家的公路，以提高阿拉伯地区的一体化程度。

1.1.4 发展战略

西亚各国已相继推出相关产业发展政策，加速实现产业结构优化、推动产业转型。为避免对石油产业的过度依赖，西亚各国已开启产业多元化发展模式。地区各国逐渐加大自由化、工业化、信息化、私有化和本土化的改革力度，制定中长期国家经济发展战略，减少对能源产业的依赖，加速经济现代化和多元化步伐。各国改革基本都以发展非石油产业、实现经济多元化为核心目标。如沙特阿拉伯的"2030愿景"和"2020国家转型规划"，阿联酋的"2071百年计划""第四次工业革命战略"等，各国纷纷推出相应发展政策，为实现经济的可持续发展争取更大空间。西亚主要国家经济与产业发展政策如表1-1所示。

---

❶ 阿盟成员国21个包括：阿尔及利亚、阿联酋、阿曼、埃及、巴勒斯坦、巴林、吉布提、科威特、黎巴嫩、利比亚、毛里塔尼亚、摩洛哥、沙特阿拉伯、苏丹、索马里、突尼斯、叙利亚、也门、伊拉克、约旦、科摩罗。

表 1-1　西亚主要国家经济与产业发展政策

国家	战略名称	重点内容
沙特阿拉伯	2020 国家转型规划	到 2020 年，将非石油政府收入提高至 1413.2 亿美元，非石油出口收入增至 879.9 亿美元，吸引外国直接投资增至 186.6 亿美元
	2030 愿景	核心目标是重新打造沙特阿拉伯的经济体系，减少对石油产业的依赖。发展制造业、旅游业、信息产业、基础设施以及建立经济特区等
阿联酋	2071 百年计划	建设为民谋福祉、传播正能量的弹性政府；以高科技为武装，培育善于接受先进技术和经验的新一代青年；打造以知识为基础的多元化经济结构；建设包容、尊重、团结的社会，将阿联酋建设成为世界上最好的国家
	第四次工业革命战略	重点关注领域包括创新性教育、医疗旅游、机器人医疗、水和粮食安全、数字经济以及充分使用卫星数据来优化未来城市规划，通过发展民族工业提升国防工业水平
科威特	2035 年愿景	在重点发展石油、石化工业的同时，强调发展多元化经济，着力发展金融、贸易、旅游、会展等行业。计划耗资 1000 亿美元开发"丝绸城和五岛项目"，将其打造为波斯湾北部新的运输、物流和金融中心，最终把科威特建成连接东西方的地区经济中心
卡塔尔	2030 国家愿景	管理好可枯竭资源开采，将丰富的碳氢化合物资源转化为金融财富，投资于基础设施和提高劳动者素质，同时要逐步减少对碳氢化合物工业的依赖，加强私营部门的作用，加速实现经济多元化，将卡塔尔发展成为知识和高附加值产业和服务活动的地区中心
阿曼	"九五"计划	推进阿曼经济多样化进程，大力发展制造业、物流业、旅游业、渔业和矿业。预计五年间非石油行业年名义增长率将达 18%；年均投资金额占总 GDP 的 28%，五年累计投资金额预计达到 1060 亿美元。继续加大基础设施建设投入
阿塞拜疆	2015—2020 年工业发展纲要	主要任务包括扩大支持工业生产的措施；提高和改善工业基础设施；促进非油气工业引进国内外投资；建立工业园、科技园和工业区；加强公有和私有经济合作，发展出口导向型非油气产业等内容
巴林	2030 年巴林经济展望报告	到 2030 年，建立具有先进生产力水平和全球竞争力、可持续发展的国民经济体等。重点关注领域有海湾合作委员会援助领域、保障房领域规划、阿杜尔二期电站及海水淡化项目、太阳能电站项目、巴林—沙特阿拉伯铁路等
伊拉克	2018—2022 年国家发展计划	对宏观经济、社会发展以及包括油气、电力、交通等在内的重点产业做出规划。其中，能源行业目标为原油产能至 2022 年达到 650 万桶 / 天，出口量实现 525 万桶 / 天。同时改进技术，减少油气生产过程中的二氧化碳排放以保护环境。电力装机容量目标为 2086 万千瓦，人均用能提升至 4041 千瓦时，实现年均电力消耗节约率为 7% 的目标
伊朗	20 年发展愿景规划	减少对石油的依赖和创造更多就业岗位。重要举措包括完善石油和天然气工业价值链，增加石油产品的附加值，提高电力、石化和石油产品的产量及出口等。其中，到 2025 年伊朗能源领域的目标为，伊朗能源总产能将达 1.2 亿千瓦

1.2　能源电力

1.2.1　能源发展

油气资源极其丰富。 西亚石油探明储量约 1129 亿吨，约占全球探明储量的 48%，主要分布在沙特阿拉伯、伊朗、伊拉克、科威特、阿联酋，约占西亚石油储量的 96%，石油品质好，易开采，成本低，竞争力强。煤炭资源较少，探明储量约 12 亿吨，占全球不足 0.1%❶。天然气探明储量约 75.6 万亿立方米，约占全球探明储量的 38%，主要分布在伊朗、卡塔尔、沙特阿拉伯、阿联酋，占西亚天然气储量 91%。西亚化石能源资源情况如表 1-2 所示。

表 1-2　西亚化石能源资源

国家 / 地区	煤炭		石油		天然气	
	总量（亿吨）	全球占比（%）	总量（亿吨）	全球占比（%）	总量（万亿立方米）	全球占比（%）
沙特阿拉伯	—	—	409	17.2	6.0	3.0
伊朗	—	—	214	9.0	32.0	16.1
伊拉克	—	—	196	8.4	3.5	1.8
科威特	—	—	140	5.9	1.7	0.9
阿联酋	—	—	130	5.6	5.9	3.0
卡塔尔	—	—	26	1.5	24.7	12.4
其他	—	—	14	0.5	1.8	0.9
西亚	12.0	0.1	1129	48.1	75.6	38.1

注：煤炭仅体现西亚总量和整体占比，无各国详细数据。

能源生产总量持续增长，油气占比接近 100%。2000—2017 年，西亚能源生产量从 19.3 亿吨标准煤增长到 30 亿吨标准煤，年均增长 2.7%。人均能源生产量 10 吨标准煤，是全球平均水平的 3.9 倍❷。2017 年，西亚石油、天然气产量分别达 22 亿、7.9 亿吨标准煤，占能源生产总量的比重分别为 73%、26%。西亚清洁能源生产以水能和核能为主，占能源生产总量的比重不足 1%。沙特阿拉伯、伊朗、伊拉克、阿联酋、卡塔尔的能源生产量较大，分别占西亚能源生产总量的 31%、20%、11%、11%、11%。西亚不生产煤炭，油气生产主要集中在沙特阿拉伯、伊朗、伊拉克、科威特、阿联酋等国。西亚各国能源生产情况如图 1-4 所示。

一次能源消费增长较快，油气占比超过 96%。西亚一次能源消费总量从 2000 年的 5.6 亿吨标准煤增长至 2017 年的 11.7 亿吨标准煤，年均增长 4.4%。2017 年，西亚人均能源消费量 3.8 吨标准煤，是全球平均水平的 1.4 倍。伊朗、沙特阿拉伯、阿联酋、伊拉克的能源消费量较大，占西亚的比重分别为 33%、26%、8%、8%。西亚一次能源消费情况如图 1-5 所示。2017 年，西亚化石能源消费占一次能源比重达 98%，其中煤炭、石油、天然气比重分别为 1.2%、42.2%、54.6%。水能、核能等清洁能源消费规模较小，占一次能源消费比重仅 1.9%。西亚从电力出口

❶ 数据来源：英国石油公司，世界能源统计年鉴，2020。
❷ 数据来源：国际能源署，世界能源平衡，2017。

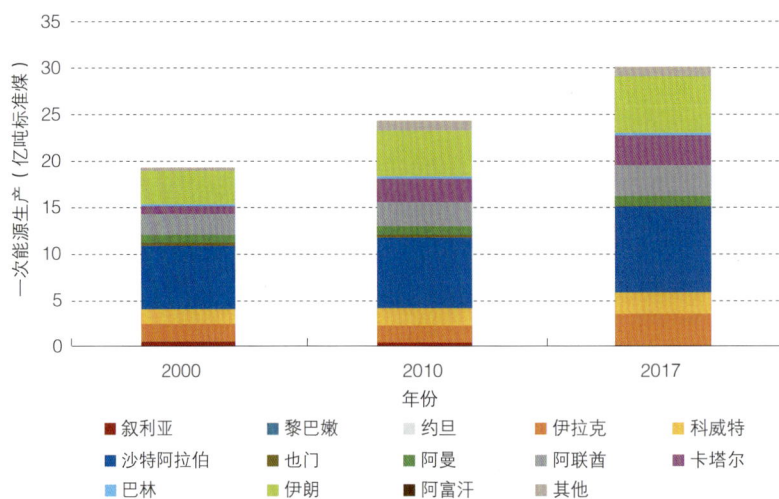

图 1-4　2000、2010、2017 年西亚能源生产情况

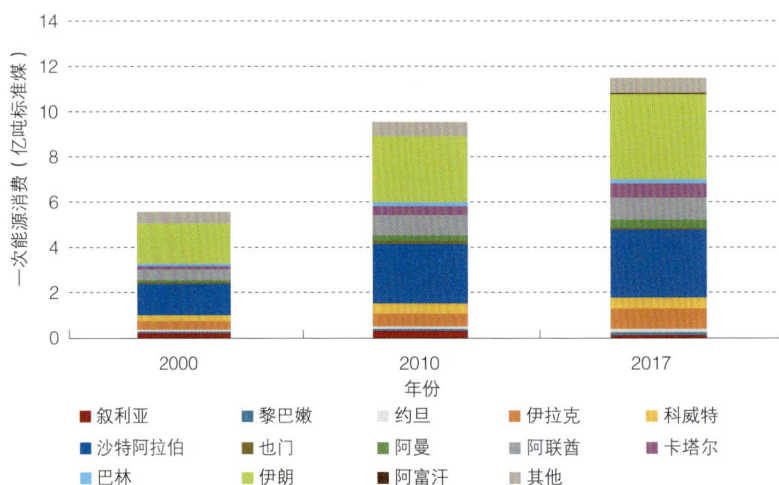

图 1-5　2000、2010、2017 年西亚一次能源消费情况

向电力进口转变，2017 年电力净进口 138 万吨标准煤，占一次能源消费的比重达 0.1%。西亚一次能源消费结构如图 1-6 所示。

终端能源消费持续增长，以油气为主，电能比重上升。西亚终端能源消费总量从 2000 年的 3.8 亿吨标准煤增长至 2017 年的 7.6 亿吨标准煤，年均增长 4.2%。2017 年，工业、交通、建筑部门能源消费量分别为 2.2 亿、2.1 亿、2.1 亿吨标准煤，占比分别为 30%、28%、28%。伊朗、沙特阿拉伯、阿联酋的终端能源消费量较大，分别占西亚终端能源消费总量的 37%、27%、10%。西亚终端能源消费情况如图 1-7 所示。2017 年，西亚终端能源消费化石能源比重达 83%，其中煤炭、石油、天然气消费比重分别达 0.8%、47.7%、35.1%。电能消费年均增长 5.3%，增速位居第二位，占终端能源消费比重提高到 16.0%。2017 年西亚终端能源消费结构如图 1-8 所示。

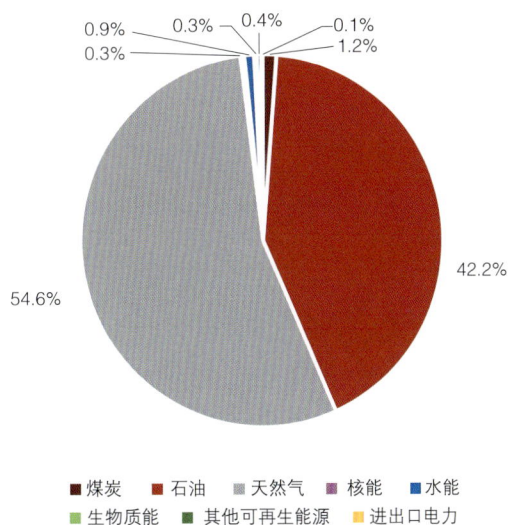

图 1-6　2017 年西亚一次能源消费结构

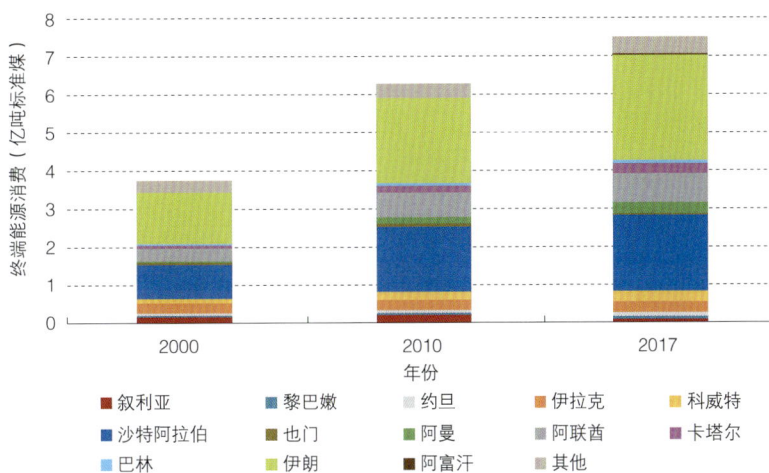

图 1-7　2000、2010、2017 年西亚终端能源消费情况

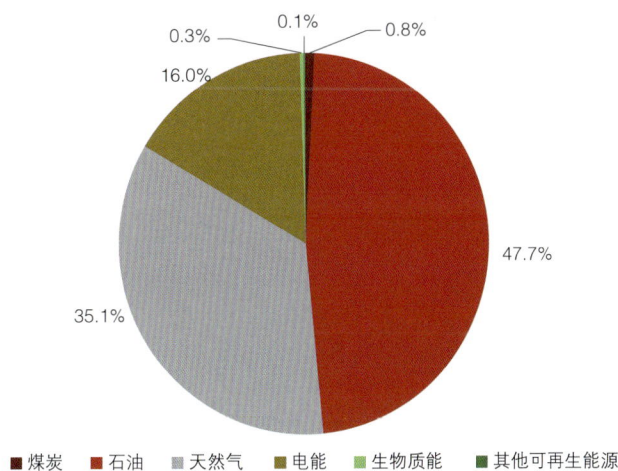

图 1-8　2017 年西亚终端能源消费结构

1.2.2 电力发展

人均用电量差异大，电力普及率接近 100%。 2017 年西亚总用电量约 1 万亿千瓦时，电力消费主要分布在沙特阿拉伯、伊朗和阿联酋。2017 年沙特阿拉伯、伊朗和阿联酋用电量分别占西亚总用电量的 29%、25% 和 11%。除也门和阿富汗外，西亚其他国家电力可及率均达到 100%。2017 年西亚年人均用电量约 3355 千瓦时，低于世界平均水平。西亚年人均用电量最高的是海湾六国沙特阿拉伯、阿联酋、卡塔尔、科威特、巴林和阿曼，最高的巴林达 17488 千瓦时，阿曼最低为 6608 千瓦时。叙利亚、也门和阿富汗年人均用电量较低，均不足 1000 千瓦时，最低的也门仅 118 千瓦时。2017 年西亚主要国家电力发展现状如表 1-3 所示。

表 1-3　2017 年西亚主要国家电力发展现状

国家	装机容量（万千瓦）	用电量（亿千瓦时）	年人均用电量（千瓦时）	最大负荷（万千瓦）	电力普及率（%）
叙利亚	905	143	782	533	100
黎巴嫩	234	169	2784	340	100
约旦	488	176	1810	332	100
伊拉克	3287	413	1078	1563	100
科威特	1878	605	14630	1380	100
沙特阿拉伯	8896	2946	8943	6212	100
也门	162	33	118	136	79
阿曼	824	306	6608	612	100
阿联酋	3073	1147	12203	2316	100
卡塔尔	880	403	15251	786	100
巴林	393	261	17488	357	100
伊朗	7686	2515	3099	5540	100
阿富汗	64	58	163	130	98

电源装机结构以火电为主，清洁能源占比较低。 2017 年西亚总装机容量约 3.2 亿千瓦，占亚洲总装机容量的 10%，其中清洁能源装机容量约 2500 万千瓦，占总装机容量的 7.9%；火电装机容量约 3 亿千瓦，占总装机容量的 92.1%。2017 年西亚电源装机结构如图 1-9 所示。2017 年西亚人均装机容量约 1.06 千瓦，高于亚洲平均人均装机容量。沙特阿拉伯、伊朗、伊拉克和阿联酋装机容量较大，分别为 8896 万、7686 万、3287 万千瓦和 3073 万千瓦，占西亚装机总容量的比重分别为 27.6%、23.9%、10.2% 和 9.5%。2017 年西亚清洁能源发电量约 456 亿千瓦

时，约占总发电量的 4%；火电发电量约 1.1 万亿千瓦时，约占总发电量的 96%。2017 年西亚发电量结构如图 1-10 所示。

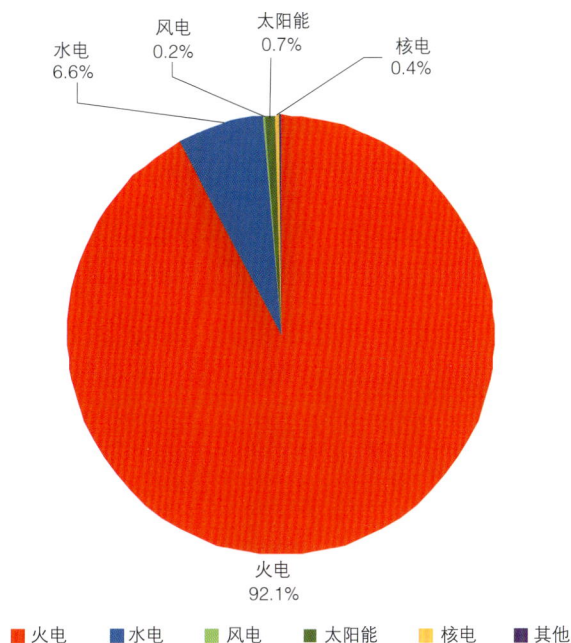

图 1-9

水电 6.6%
风电 0.2%
太阳能 0.7%
核电 0.4%
火电 92.1%

■ 火电 ■ 水电 ■ 风电 ■ 太阳能 ■ 核电 ■ 其他

图 1-9　2017 年西亚电源装机结构

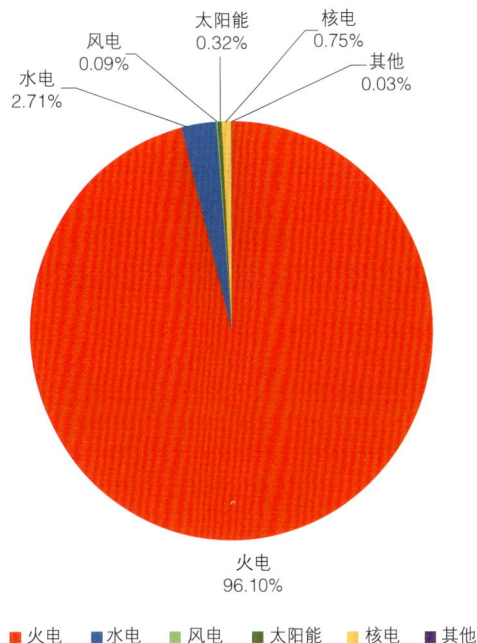

图 1-10

水电 2.71%
风电 0.09%
太阳能 0.32%
核电 0.75%
其他 0.03%
火电 96.10%

■ 火电 ■ 水电 ■ 风电 ■ 太阳能 ■ 核电 ■ 其他

图 1-10　2017 年西亚发电量结构

跨国电网互联基础好，电力交换规模较小。 西亚的海湾六国具有较好的联网基础，各国之间已基本形成互联电网。海湾六国已通过海合会互联电网管理局管辖的双回 400 千伏线路实现跨国互联，各国通过 400 千伏线路或直流背靠背接入互联电网，实现六国电网之间的相互支援，提高供电可靠性。海合会互联电网主要是为了共享备用容量，降低成员国发电备用要求，提高系统运行的经济性、可靠性和协调性，同时为成员国之间的电能交易提供基础。

叙利亚和约旦、黎巴嫩和伊拉克分别通过 1 回 400 千伏线路相连；伊拉克通过 2 回 400 千伏线路与伊朗联网；外高加索三国格鲁吉亚、阿塞拜疆、亚美尼亚之间分别通过 1 回 500 千伏、2 回 330 千伏和多回 220 千伏及以下线路互联；伊拉克、叙利亚、伊朗通过多回 400 千伏及以下线路与土耳其等欧洲国家联网；约旦通过 1 回 400 千伏线路与非洲埃及联网；格鲁吉亚分别通过 1 回 500 千伏线路与俄罗斯互联、1 回 400 千伏线路与土耳其互联。

其中，沙特阿拉伯电网主网架以 380 千伏、225 千伏和 150 千伏为主，频率 60 赫兹，其中部、东部、西部和西南部 4 个区域电网已全部实现互联，东部和中部地区 380 千伏形成多个环网结构，主网架结构较完善。阿联酋电网结构较为密集，负荷主要集中在北部沿海地区，主网架以 400 千伏、225 千伏和 132 千伏为主，北部沿海地区电网发达，线路以双回为主。伊朗电网频率为 50 赫兹，主要输电网电压等级为 400 千伏和 230 千伏，主网架结构较为完善。

各国高度重视能源电力清洁发展。沙特阿拉伯 2016 年 6 月发布"国家转型计划（2020）"，将"2030 愿景"目标细化为 2020 年前实现的具体指标，包括将可再生能源发电比例提升至 4%，非石油出口额达到 880 亿美元等。**阿联酋**提出 2020 年可再生能源发电占比达到 7.4%，预计在 2025 年清洁能源发电量达到 7%，2030 年超过 10%，2050 年达到 50%，其中迪拜提出了 2050 年清洁能源开发计划，到 2050 年 75% 的发电来自清洁能源。**科威特**的"2035 战略规划"指出到 2030 年该国发电量将翻番，主要通过开发替代能源和可再生能源来增加发电量，届时 15% 的发电将来自可再生能源。**卡塔尔**计划到 2030 年，通过太阳能生产的电力将占整个国家用电需求的 20%。**巴林**提出可再生能源发电目标为至 2025 年达 5%，2035 年提高至 10%。**阿曼**计划到 2025 年通过可再生能源产生 10% 的电能。

西亚能源可持续发展

全球能源绿色转型的步伐不断加快，西亚由于其独特的资源禀赋和发展特征，可持续发展面临诸多挑战。西亚需秉持绿色低碳发展理念，坚持发展与转型并举，兼顾各国目标与诉求，推动能源供应清洁化，经济结构多元化，产业发展从油气工业为主向绿色低碳转型全面升级，全面落实《巴黎协定》2 摄氏度温控目标，实现西亚清洁可持续发展，为全球树立能源可持续发展新标杆。

2.1   能源可持续发展面临严峻挑战

2.1.1   油气资源长期高强度开采

油气资源储采比大幅下降。 西亚地区石油、天然气资源非常丰富，一直作为全球油气生产的主要地区，保障全球能源安全稳定供应。但经过几十年高强度开采，西亚油气资源消耗较大。2019 年西亚石油、天然气年开采量分别达 14.2 亿吨、6953 亿立方米，分别占全球年开采量的 31.6%、17.4%，石油、天然气的储采比近 30 年分别下降了近 40%、75%。

本地区能源需求持续增长影响油气出口。 由于西亚地区城市化进程不断加快、人口快速增长、产业多元化，以及工业扩张等原因，能源需求不断增大。2000—2017 年，西亚地区石油、天然气消费增速分别为 2.5% 和 6.4%，均高于世界平均水平。按照当前油气高速消费发展模式，2050 年西亚石油、天然气年消费量将达到 9 亿吨、4 万亿立方米，而该地区油气产量增长空间有限，未来西亚地区油气出口能力受限。

2.1.2   全球油气出口竞争激烈，未来需求将下降

全球油气供应多元化，出口竞争激烈。 根据 BP 统计数据，2019 年北美洲、中南美洲、中亚与俄罗斯、西亚、非洲的石油日产量分别为 2461 万、617 万、1461 万、3032 万、840 万桶，分别占全球日产总量的 25.9%、6.5%、15.4%、31.9%、8.8%，天然气日产量分别为 11280 亿、1736 亿、8465 亿、6953 亿、2366 亿立方米，分别占全球日产总量的 28.3%、4.4%、21.2%、17.4%、6.0%，全球油气供应多元化趋势明显。为与西亚争夺油气市场，其他油气资源国积极扩大油气出口规模。2008—2019 年，美国、加拿大、俄罗斯的石油出口量从 1200 万桶 / 日增长到的 2188 万桶 / 日，出口量的全球占比由 21% 增长到 31%；2019 年美国、俄罗斯、澳大利亚的天然气出口量分别达 4842 亿立方米，占全球天然气出口量达 49%。

全球能源转型加速，总体油气需求下降。 全球可再生能源替代化石能源进程加快，石油在全球能源消费总量中的比重已经连续 13 年下降，2017 年为 30%。根据全球能源互联网 1.5

摄氏度情景预测，全球油气需求将在 2025 年达峰，需求量为 106.8 亿吨标准煤，到 2035、2050 年全球油气需求量持续下降至 84.5 亿、35.1 亿吨标准煤。未来将对西亚石油出口国家财政收入产生较大影响。

2.1.3　化石能源补贴较大，能源发展需提质增效

化石能源补贴影响经济发展。 西亚国家实行高福利、高能源补贴政策，2015 年能源（石油、天然气、煤、电力）补贴达到 3456 亿美元，约占财政支出的 52%，其中石油补贴占 56.8%，天然气补贴占 24%。伊朗成为西亚国家中补贴负担最重的国家，2015 年能源补贴高达 1110 亿美元，其中化石能源补贴达 969 亿美元，平均补贴率（占全部供应成本的比例）为 79%，成为伊朗政府沉重的财政负担。国际货币基金组织称，西亚国家的人均化石燃料补贴数额是最高的，其中卡塔尔每年人均 6000 美元；沙特阿拉伯每年人均 3400 美元；阿联酋每年人均 3000 美元。本地区的石油补贴支出远高于本国教育、科技等方面的支出，这两项支出占财政支出比仅约为发达国家的一半，影响了国家发展。

能源利用效率不高。 由于巨额的能源利润收入和低廉的能源价格支出，西亚国家未形成合理、适度的能源消费理念，能源利用效率较低。西亚地区的人均能源消费为 3.8 吨标准煤，高于世界平均水平 2.7 吨标准煤，全球人均能源消费最高的 10 个国家，有 4 个西亚国家，其中卡塔尔以 25.6 吨标准煤的人均能耗位居世界首位，巴林、科威特、阿联酋分别为 15.1、13.1、10.9 吨标准煤。世界银行数据显示，西亚地区的单位 GDP 能耗约为 171 克标准煤 / 美元，高于世界平均水平，巴林、伊朗、卡塔尔、阿曼等国单位 GDP 能耗分别为 327、242、208、206 克标准煤 / 美元，接近 OECD 国家的两倍。截至 2019 年，近十年西亚国家中有一半的国家单位 GDP 能耗不降反升。

2.1.4　气候环境约束日益严格，能源行业减排压力较大

西亚地区面临沙漠化和环境污染的挑战。 西亚地区大部分处在热带沙漠气候，受副热带高压影响而干旱少雨，水资源稀缺，造成该地区植被覆盖少，沙漠化严重，生态环境日益脆弱。西亚地区有超过三分之二的土地受沙漠化影响，其中极端沙漠化、重度沙漠化、中度沙漠化和轻度沙漠化的土地面积占比分别为 11%、31%、21% 和 6%[1]。同时作为世界上最大的石油库，随着大规模石油开采、生产、加工、运输过程中产生各种空气污染物，使得西亚石油生产国的环境受到明显损害，也对周围其他国家的环境形成威胁。西亚

---

❶ 数据来源：联合国环境规划署，全球环境展望 6——西亚区域评估，2016。

地区空气污染、水污染、固废污染等环境问题严重，每年由于环境污染而过早死亡的人数达 23 万人，生命年损失超过 800 万人，平均每人生命损失 17 天。2010 年，仅空气污染就导致西亚地区超过七万人过早死亡❶。全球综合环境指标显示，全球环境最具污染性的前 10 个国家中有 7 个是西亚地区国家，环境污染和可持续发展问题已成为西亚国家普遍面临的重大挑战。其中卡塔尔因油气产业的排放，空气污染物排放较严重而位居世界之首，2017 年卡塔尔空气污染指数已达到 170，全年有超过 220 天"不宜外出"，空气污染物排放是世界平均水平的两倍以上。沙特阿拉伯、伊朗、科威特的空气污染指数均超过了 120。

温室气体排放量持续上升，人均排放量大，碳减排压力增大。 2018 年西亚地区二氧化碳排放量 25 亿吨，占世界总排放量的 6.6%，伊朗、沙特阿拉伯作为西亚地区碳排放最大的国家，碳排放量分别达到 6.6 亿、5.7 亿吨，位列全球碳排放量的第 8、第 9 位。1990—2017 年西亚分品种化石能源燃烧产生的二氧化碳如图 2-1 所示。虽然西亚地区温室气体排放总量不大，但人均排放量较高。2017 年该地区人均排放量达 7.2 吨 / 人，远高于世界平均水平 4.4 吨 / 人。世界卫生组织和国际能源机构在 2018 年联合发布，全球人均碳排放最高的前 10 个国家中有 5 个是西亚地区国家，包括卡塔尔、科威特、巴林、阿联酋、沙特阿拉伯，其中卡塔尔位居榜首，人均碳排放达到 35.73 吨二氧化碳。由于西亚地区处于三洲五海两洋之地，以热带沙漠气候为主，更容易受全球变暖影响，带来极端炎热、海平面上升等威胁。沙特阿拉伯和科威特 2019 年气温达到了创纪录的水平，气温分别高达 55 摄氏度和 63 摄氏度，巴林也创下了 1902 年以来的最高气温，达到 45.3 摄氏度，预计 21 世纪中叶，每年炎热天数将会达到 80 天，是 21 世纪初的 5 倍。在世界各国普遍减排的背景下，以油气能源为核心的西亚地区，碳减排压力日益凸显。

气候变化引起极端高温、降水减少，加剧水资源短缺问题。 西亚地区极端高温天气频发，持续时间较长。2016 年 7 月，科威特最高气温达 54 摄氏度，创下东半球和亚洲历史最高气温❷。2019 年，巴林经历了 100 多年来最热的六月，其中有二十天气温都在 40 摄氏度以上❸。西亚地区降雨量少，一般全年不足 200 毫米，根据气候模型预测，该区域未来 50 年的降雨量还将减少 20%，某些地区甚至可能减少 40%❹。降雨量减少加剧水资源短缺枯竭问题。到 2040 年

---

❶ 数据来源：联合国环境规划署（UNEP），Land Degradation, Desertification "Most Critical Challenges" in West Asia, as Rolling Conflicts Damage Environment, Human Health: Global Environmental Outlook 6 – Factsheet.

❷ https://www.washingtonpost.com/weather/2019/06/18/recent-scorching-temperatures-kuwait-pakistan-confirmed-third-fourth-hottest-measured-earth/

❸ https://www.voanews.com/middle-east/bahrain-records-hottest-june-more-100-years

❹ 数据来源：联合国环境规划署，全球环境展望 6——西亚区域评估，2016。

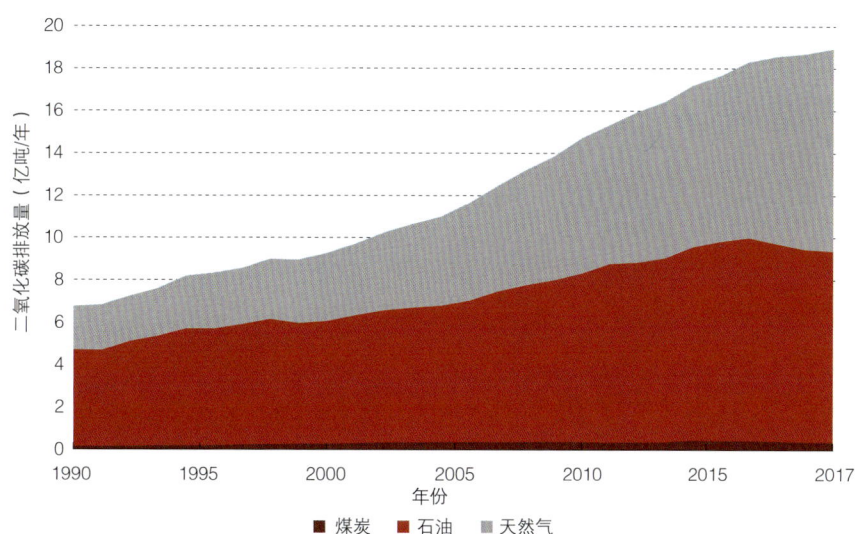

图 2-1　1990—2017 年西亚分品种化石能源燃烧产生的二氧化碳 **❶**

可能面临最大水资源压力的 10 个国家中，有 8 个位于西亚地区 **❷**，这些国家已经是世界水安全程度最低的地区，面临严峻的水资源挑战。

2.1.5　清洁能源市场竞争力有待提升

西亚地区清洁能源发展总体还处于起步阶段，2018 年清洁能源装机容量 2003 万千瓦，同比增加 7.1%，低于全球平均水平。西亚地区国家花费大量的资金补贴使得该地区国家的国内零售化石能源价格保持低位，根据各国零售汽油最新价格显示，西亚国家的石油价格在 2 美元 / 升左右，伊朗、科威特、阿塞拜疆更是低至 0.41、1.30、1.78 美元 / 升；天然气零售价格在 2 美分 / 立方米左右，阿塞拜疆更是低至 1 美分 / 立方米。西亚国家汽油的零售价格一度比水便宜，使得发电企业更倾向于使用成本较低的石油发电，同时获得电力补贴，清洁能源发电竞争力不足。

---

❶ 数据来源：国际能源署（IEA），化石能源燃烧 CO_2 排放，2019。
❷ 数据来源：世界资源研究所。

2.2　能源可持续发展思路与方向

　　西亚能源可持续发展需在能源供应侧实施"清洁替代"，以清洁能源替代化石能源生产；在能源消费侧实施"电能替代"，以电能、氢能替代化石能源消费；在能源配置侧加强区内外电力互联互通，扩大清洁能源消纳，推动西亚从油气时代向可再生能源时代迈进，实现西亚能源清洁可持续发展。

2.2.1　能源供给向清洁主导转变

　　调整能源生产格局，降低对油气资源依赖。西亚能源需求日益增长，应转变能源发展方式，实现能源生产由化石能源主导向清洁能源主导转变。各国在能源战略中需要把发展清洁能源摆在更为重要的位置，油气出口国应调整长期以来以油气生产为主的能源生产格局，油气进口国应调整以油气消费为主的能源消费格局。各国通过制订明晰的清洁能源发展目标，引导资金、政策等向清洁能源领域倾斜，实现油气与清洁能源、油气产业与非油气产业间的平衡发展，发展清洁能源资源成为"第二个"石油资源。

　　加快发展清洁能源，实现能源供应多元化和清洁化。西亚清洁能源资源丰富，发展空间巨大，清洁能源发电成本持续降低，竞争力不断提升。各国应推动清洁能源大规模协同开发利用，尤其是利用沙漠等土地资源，通过开发阿拉伯半岛太阳能，波斯湾沿岸风能等，从供应侧以清洁能源替代石油、天然气和传统生物质等能源，既提高经济抗风险能力，减少自身油气消费，扩大油气出口潜力，又为绿色氢能生产提供清洁、廉价、安全的电力来源，实现能源供应多元化、清洁化发展。

　　转变油气利用方式，提高油气利用价值。推动油气从燃料为主向工业原材料为主转变，减少油气产业链中作为燃烧产品的生产比重，提高作为化工产品比例，扩大油气在非能领域的利用范围。减少油气低价出口，利用民营商业储备、大型油轮、炼厂库容等设施，加强油气战略储备能力，提高油气资源利用价值。

2.2.2　能源消费向以电为中心转变

　　改革传统能源低价补贴，提升清洁电能竞争力。西亚国家应降低油气资源浪费，减少政府财政支出负担，通过逐步取消、减免能源补贴，提高终端油气消费价格，还原真实化石能源发电成本。减少油气资源不必要浪费，抑制能源需求过快增长，增强清洁电能相对竞争力，助力电能消费量提升，改善终端能源消费结构。

　　加快推进终端电能替代，提高用能效率。电能使用便捷，各种终端能源消费都可用电能替代，且电能终端利用效率最高，单位电能产生的经济价值相当于等当量石油的 3.2 倍、煤炭的 17.3 倍，能源消费向电为中心转变是大势所趋。在推动工业化、城镇化过程中，西亚各国应通过提升各行业电气化水平，在工业部门的油气勘探、海水淡化、生产制造、数字化等领域，在交通部门的铁路运输、公路交通等领域，在商业和居民部门的居民采暖、烹饪、制冷、照明等领域，以电能替代石油、天然气和生物质消费，推动终端能源消费向电能转变，提高用能效率。

完善能源基础设施建设，改善生活环境。加强西亚各国电力基础设施建设，升级改造老旧电力设备，推进各级电网尤其是农村地区电网建设，不断扩大电力覆盖范围，加强电力项目配套建设，提高电力服务水平。因地制宜开展分布式电源供电，实现就近接入快速供电，减少无电人口和传统生物质消费，减少室内环境污染，改善生活环境状况。

2.2.3　能源配置向互联互通转变

提高区域内电力互联水平，扩大电力交易规模。西亚跨国电力互联规模随着特高压输电、智能电网等能源革命性技术的发展持续扩大，需通过推动电力大范围配置，避免化石能源长途运输和存储带来的一系列问题。提高西亚区域内部既有互联电网利用水平，在海合会、EIJLLPST 八国互联电网基础上加强跨国电网建设，增强各国双边、多边合作，发挥特高压等技术优势，构建清洁能源与负荷中心间跨国跨区骨干电网通道，扩大区域电网互联规模，并充分发挥区域内清洁能源互补互济特性，扩大电力交易规模，提升现有两个互联电网整体发展水平。

加强与周边区域电网互联，打造能源枢纽。充分发挥西亚与周边地区清洁能源资源互补性强、地理联系紧密、处于亚欧非枢纽位置等优势，扩大西亚电网跨区互联规模，实现与欧洲、北非和南亚电网互联，实现清洁电力对外出口，增强区域能源合作，形成"区内紧密互联、跨区高效配置、多能互补互济"的能源发展新格局。

2.2.4　以能源技术产业创新推动经济转型

加速清洁能源技术创新，推动产业多元化。各国应利用清洁能源产业带动强、附加值高的特点，抢占新兴产业制高点。立足于区域内清洁能源资源丰富的优势，聚焦能源清洁化、电气化、智能化、集成化等方向，推动能源开发、转换、配置、使用等领域技术和装备创新，带动其他相关技术创新，促进产业多元化发展。在电力侧，发展大容量、高效率、低成本的清洁能源发电产业；在用能侧，发展电动汽车、储能、电蓄冷、电锅炉、智能电网等技术，推动能源领域技术创新、装备制造和产业升级，降低对油气产业依赖，提升产业多元化水平。

　　推动能源技术进步，引导产业转型升级。 以能源技术进步作为推动产业结构变革和经济转型发展的有力抓手，通过创新能源技术，推动产业发展，提高能源供给体系的质量和效率，不断丰富和完善非油气产业，引导产业结构从化石燃料支撑的高消耗、高污染、低效益的单一油气结构逐步向清洁能源支撑的高质量、低消耗、多元化的结构转型升级。

Chapter 3

能源电力发展趋势与展望

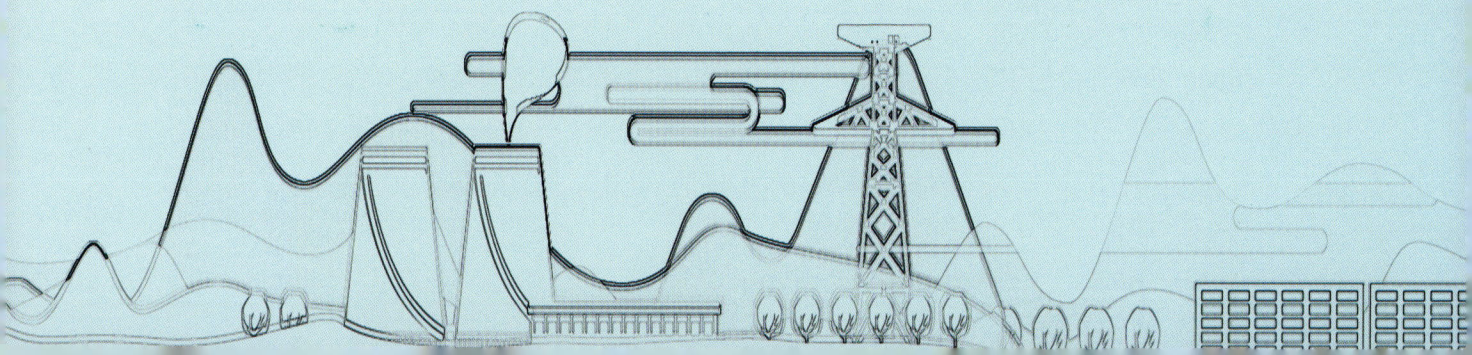

综合考虑资源、人口、经济、产业、技术、气候和环境等因素，对西亚能源电力发展趋势进行研判。西亚能源供应向清洁主导方向发展，能源消费向电为中心方向发展。能源需求持续增长，能源结构清洁化水平大幅提升，电制氢、交通领域电能替代和海水淡化等成为电力需求增长驱动力。随着风电和太阳能发电成本的下降，清洁能源装机规模快速提升，电力供应向清洁化和多元化方向发展。

3.1　能源需求

3.1.1　一次能源

一次能源需求持续增长，增速趋缓。按发电煤耗法计算，2017—2050 年，一次能源需求由 11.7 亿吨标准煤增至 19.1 亿吨标准煤，年均增速 1.5%，其中 2017—2035 年年均增速 2.1%，2035—2050 年年均增速 0.9%，其中 2025、2030 年和 2035 年分别达 13.7 亿、15.6 亿吨标准煤和 16.8 亿吨标准煤。**人均能源需求小幅提升。**2017—2050 年，人均能源需求从 3.9 吨标准煤提升至 4.2 吨标准煤，增幅 9%。其中，卡塔尔、阿曼人均需求较高，2050 年分别达到 17.6、12.5 吨标准煤，远高于西亚平均水平；约旦、伊拉克人均需求提升较快，但仍落后于西亚平均水平，分别为 0.7、2.2 吨标准煤。外高加索三国人均需求提升到 4 吨标准煤。2017—2050 年主要国家一次能源需求预测如图 3-1 所示。

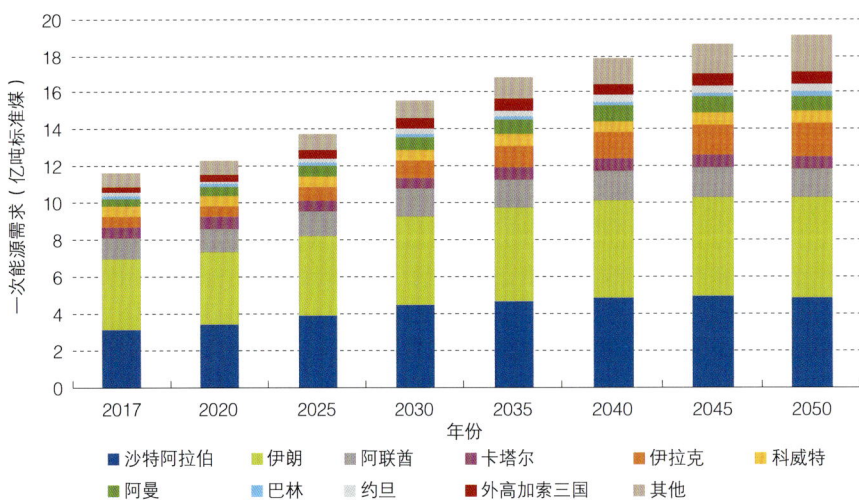

图 3-1　2017—2050 年主要国家一次能源需求预测

伊朗、沙特阿拉伯引领能源增长，伊拉克、约旦能源需求增速较快。伊朗、沙特阿拉伯能源需求量较大，2050 年分别达到 5.5 亿、4.8 亿吨标准煤，年均增速分别达 1.1%、1.3%、占西亚总需求的比重达 54%，增量占总增量的 45%。伊拉克、约旦能源需求增速较快，年均增速分别达 3.5%、3.2%，高于西亚 1.5% 的平均水平。外高加索三国能源需求增速达 2%。2017—2050 年西亚一次能源需求年均增长率预测见图 3-2。

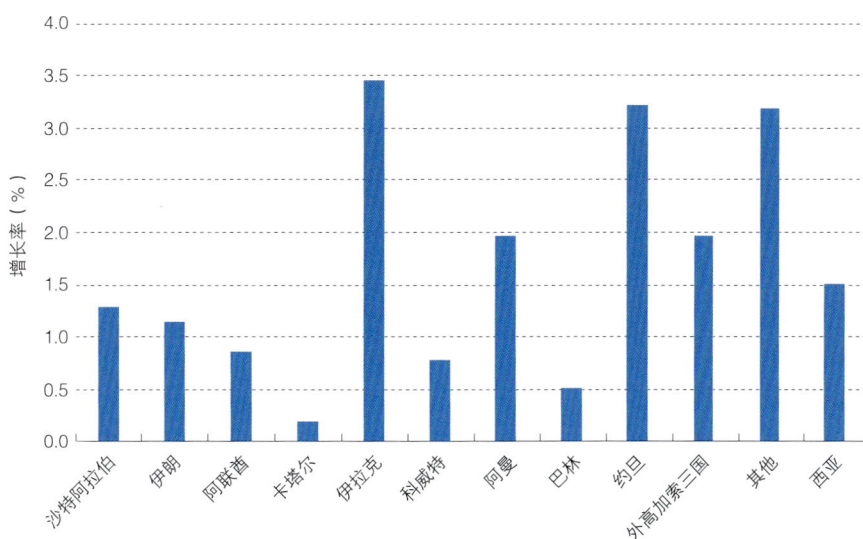

图 3-2　2017—2050 年西亚一次能源需求年均增长率预测

石油、天然气需求分别在 2030、2025 年左右达峰，能源结构清洁化水平大幅提升。近几年，虽然阿联酋、伊朗等国家逆势发展煤电，但部分国家已加快去煤化步伐。煤炭需求于 2035 年左右达峰值 0.4 亿吨标准煤，之后逐步下降，2050 年下降至 0.3 亿吨标准煤，较 2017 年增长 130%。西亚部分国家已采取改革化石能源补贴、大力发展替代能源等措施，摆脱油气过度依赖，如沙特阿拉伯"2030 愿景"计划中提出大力发展非油气产业。石油、天然气需求将缓慢增长，2030、2025 年左右达峰，峰值约 5.2 亿、6.3 亿吨标准煤，此后逐年下降，2050 年分别降至 4.3 亿、4.5 亿吨标准煤，较 2017 年下降 14%、29%。西亚清洁能源资源丰富，发展空间巨大，各国不断加大可再生能源发展步伐，如沙特阿拉伯、阿联酋等已制定雄心勃勃的可再生能源规划。清洁能源需求将快速增长，其中风、光等可再生能源需求增长最快，年均增速达到 18.5%，2050 年占一次能源比重达到 47%。一次能源分品种需求预测如图 3-3 所示。2017—2050 年，清洁能源比重大幅提高，占一次能源比重从 2% 提高至 58%❶，煤炭、石油和天然气比重分别下降至 2%、18% 和 22%。分国家看，阿联酋、沙特阿拉伯逐渐摆脱对化石能源的高度依赖，清洁能源占一次能源的比重达到较高水平，2050 年分别达到 70%、68%。主要国家清洁能源占一次能源需求比重预测如图 3-4 所示。

---

❶ 计算化石能源、清洁能源占一次能源比重时，不计入化石能源非能利用，下同。

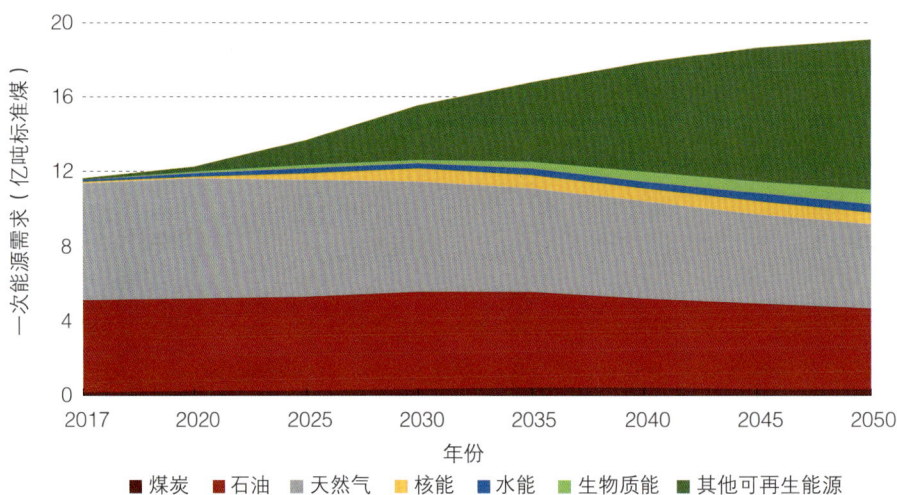

图 3-3   一次能源分品种需求预测

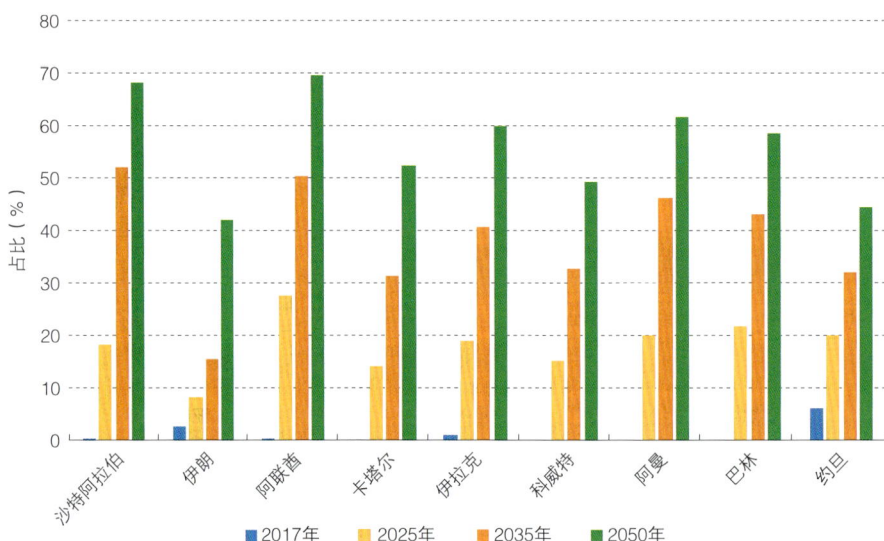

图 3-4   主要国家清洁能源占一次能源需求比重预测

3.1.2   终端能源

工业和建筑部门为推动终端能源需求增长的主要动力。2017—2050 年，终端能源需求从 7.5 亿吨标准煤增至 11.9 亿吨标准煤，年均增速 1.4%，其中 2025、2030 年和 2035 年分别达 8.9 亿、9.8 亿吨标准煤和 10.5 亿吨标准煤。**工业部门，**西亚大多数国家尚处在工业化进程的中前期，非油气产业较薄弱。为尽快摆脱油气产业"一家独大"局面，西亚各国大力发展本地制造业，加速工业化进程。工业部门用能较快增长，2050 年达到 3.9 亿吨标准煤，年均增长 1.7%，占终端用能的比重达 33%，增量占终端能源需求总增量的 38%。**建筑部门，**随着西亚人口增长，城镇化进一步推进，建筑物制冷需求增加，以及现代金融业、服务业、旅游业等第三产业稳步发展，建筑部门用能从 2017 年的 2.1 亿吨标准煤增至 2050 年的 3.2 亿吨标准煤，年均增速 1.3%，占终端用能的比重达 27%，增量占终端能源需求总增量的 27%。**交通部门**，西亚大部分国家汽车保有量较高，交通用能需求旺盛。随着收入水平提高，居民出行及货运服务等推动交通部门用能保持增长，后期由于电动交通、氢能交通开始替代传统燃油交通，能效提升促使交通部门用能需求增长放缓，预计 2050 年达 3 亿吨标准煤，2017—2050 年年均增速 1.1%，占终端用能的比重下降至 24%，增量占终端能源需求总增量的 20%。**非能利用领域，**为延长化石能源产业链，西亚加速石化产业发展，油气由直接燃烧向作为原材料利用的规模增加，2050 年非能利用领域用能需求增长至 1.8 亿吨标准煤，占终端用能的比重达 15%。终端各部门能源需求预测如图 3-5 所示。

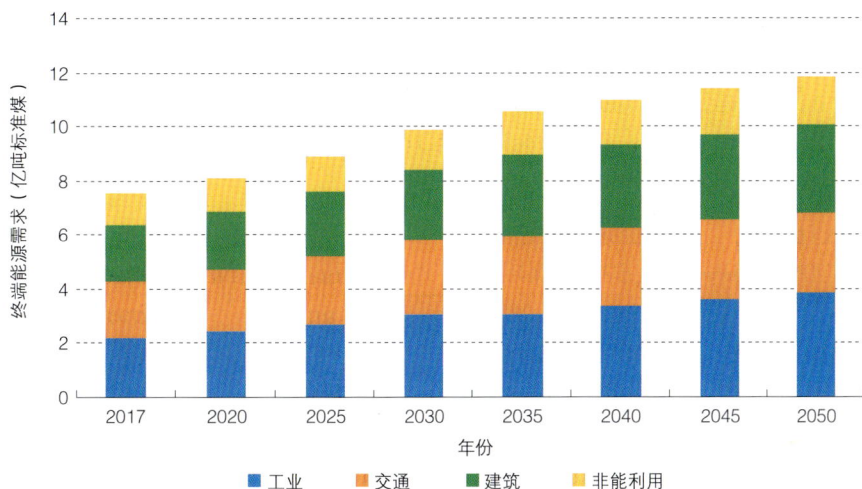

图 3-5 终端各部门能源需求预测

终端用能电气化水平不断提升，电能 2040 年左右成为占比最高的终端能源品种。西亚部分国家已采取降低化石能源补贴等政策，提高终端油气消费价格，增强清洁电能竞争力，不断扩大电能消费范围。西亚终端化石能源消费量将持续下降，清洁电能消费量大幅增长，2050年，石油、天然气需求分别降至 3.3 亿、2.5 亿吨标准煤，较 2017 年下降 7%、4%，占终端能源比重❶由 80% 降至 43%。氢能需求逐步增长，2050 年达 820 万吨，约占终端能源的 3%。同一时期，发电能源占一次能源的比重从 36% 提高到 59%，电能占终端能源的比重从 19% 提高到 47%，预计 2040 年左右，电能将超过石油成为占比最高的终端能源品种。终端能源各品种需求和电能占比预测如图 3-6 所示。分国家看，阿联酋、巴林和科威特电气化水平较高，2050年电能占终端能源的比重分别达到 61%、62%。主要国家电能占比预测如图 3-7 所示。

---

❶ 计算化石能源、电能、氢能占终端能源比重时，不计入化石能源非能利用，下同。

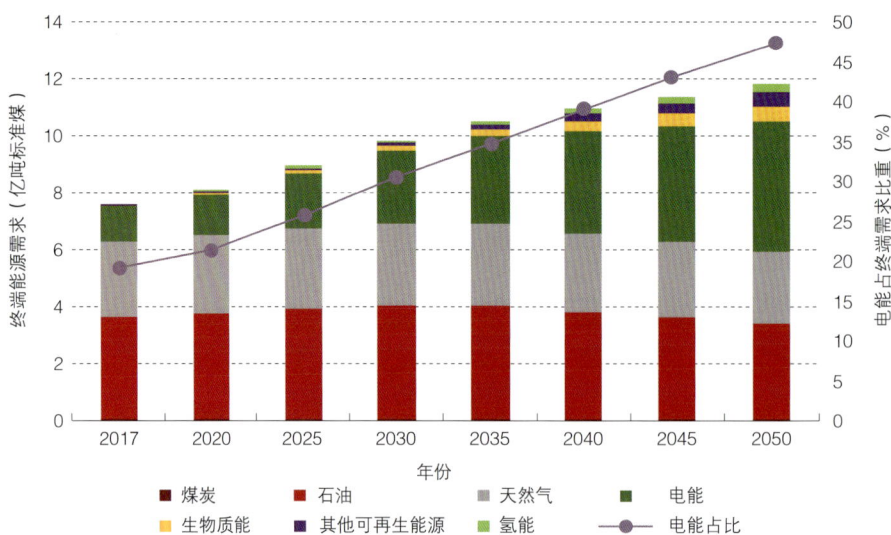

图 3-6　终端能源各品种需求和电能占比预测

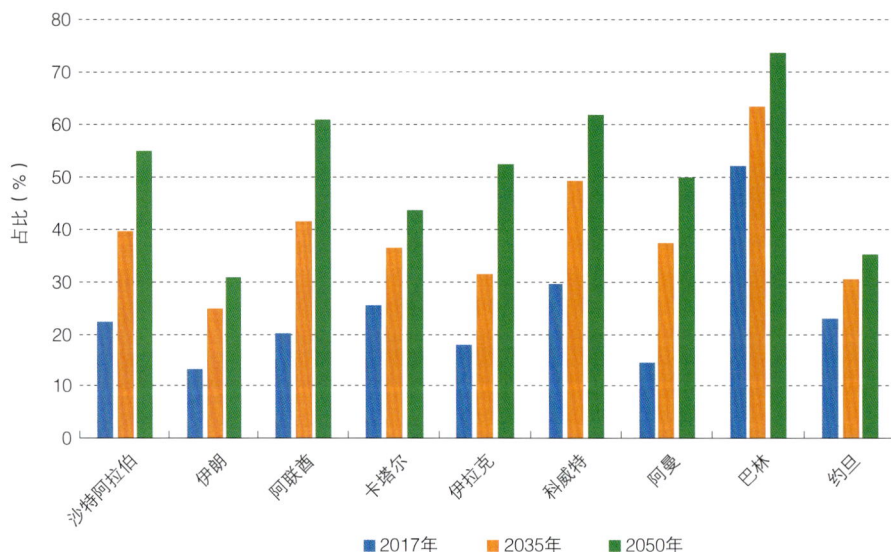

图 3-7　主要国家电能占终端能源需求比重预测

终端各部门电能替代稳步推进，工业部门电能增幅最大，建筑部门电能占比最高。工业部门，西亚工业化进程加速推进，热泵、电供热逐步替代油气锅炉成为主要供能设备，尤其在海水淡化等领域，用电需求迅速增长，2017—2050 年工业部门电能占比从 11% 提升至 46%。**建筑部门，**随着居民制冷、炊事等领域电气化进一步深入，以及商业、服务业、物流业等以电为主要能源的行业快速发展，电能广泛替代石油、天然气来供能，建筑部门电能占比从 46% 提高到 67%。**交通部门，**随着电动汽车不断普及，以及氢能在长途运输和航空航海领域应用加快，交通部门电气化率快速提高，电能占比由几乎为零提升至 26%。终端各部门电能占比预测如图 3-8 所示。

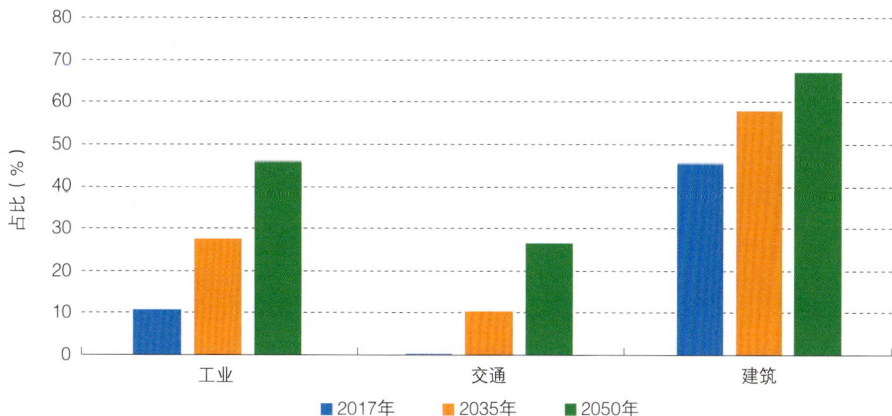

图 3-8　终端各部门电能占比预测

3.2　电力需求

3.2.1　电力需求增长点

1　供热 / 制冷用电需求

西亚多数国家是典型的沙漠热带气候，日晒强烈气温高，局部地区温度和气压变化速度较快，夏季空调降温耗电是用电负荷和用电量最重要的驱动因素，个别国家夏季用电量约为冬季用电量的 2 倍，空调制冷用电量将占到全社会用电量的 50%～70%。例如，沙特阿拉伯是全世界第三大空调市场，居民和工业电力消费占电力总消费量的 80%，其中 75% 用于空调制冷；卡塔尔和阿联酋随着近年来建筑行业的快速发展，空调制冷带来的用电需求持续提升，占总用电量的比重超过 50%；科威特的空调用电占年高峰用电的近 70%。

随着经济发展和人口增加，制冷需求将持续增长。同时制冷技术广泛应用将带来能效提高，例如，沙特阿拉伯标准计量与质量组织和沙特阿拉伯能源效率中心针对空调能效修订了 SASO2663/2007 标准，要求从 2015 年 1 月 22 日起将能效比从 6.84 提高到 8.28 英热单位 / 小时 / 瓦，该标准已经在全国实施，对于不符合能效比要求的产品将被禁止进口和生产。阿联酋、伊朗等国也出台了有关空调制冷电器产品的能效标签法规草案。综合考虑人口增长、建筑行业发展和制冷能效提高等因素，预计 2035 年和 2050 年供热 / 制冷领域用电需求分别为 1.1 万亿千瓦时和 1.4 万亿千瓦时，占总电力需求的比例约 41% 和 36%。

2　交通领域电能替代

2017 年仅外高加索三国交通领域有少量用电量，占比不足本国用电量的 3%，鉴于西亚地区基础设施的不断完善和道路联通条件的提升，电动汽车市场前景广阔。迪拜出台了购车补贴政策，力争在 2030 年将国内的电动汽车数量提升至 4.2 万辆，迪拜政府"绿色出行倡议"计划在 2030 年左右将政府用车中的电动车比例提升至 10%。隶属于沙特阿拉伯王室的主权财富基金作为世界上规模最大的投资公司，涉足电动汽车投资，通过投资快速扩张电动汽车市场，支持创新和技术发展，并推动沙特阿拉伯王国的收入和行业多元化。预计 2035 年和 2050 年电动乘用汽车将分别达到 0.7 亿辆和 1.3 亿辆，占汽车保有量的 50%~60%，按每辆乘用车年均行驶里程 1.5 万千米、转换率约 0.2 千瓦时 / 千米考虑，新增电力需求分别约 2050 亿千瓦时和 3930 亿千瓦时，占西亚总用电需求的 8% 和 10%。

3 海水淡化

西亚特殊的地理位置导致水资源非常匮乏，气候干旱，降雨量偏少，海水淡化需求大。其中沙特阿拉伯年降水量仅约 100 毫米，其国土面积的一半都是沙漠，境内没有常年有水的河流或湖泊，水资源人均拥有量仅为世界平均水平的 1.2%。西亚是全球太阳能资源最为富集的地区之一，大力发展太阳能发电并与海水淡化技术相结合，可有效降低海水淡化的能耗和投资成本，特别是对于无需蒸汽资源的反渗透法，降低能耗效益更加明显，实现能源清洁转型与提高民众生活福祉协调共赢。

发展海水淡化来满足各国对于淡水的需求将成为未来西亚地区发展的重要组成部分，未来海水淡化厂使用清洁能源的比例将逐渐增加，海水淡化的消耗能源从化石能源转向清洁能源技术将有助于减少二氧化碳排放。随着海水淡化技术的不断创新和进步及可持续的管理机制建立，预计新增海水淡化生产能力将使西亚 2035 年最大新增电力需求 910 亿千瓦时，2050 年海水淡化最大新增电力需求达到 2520 亿千瓦时，占西亚总电力需求比重分别为 4% 和 6%。西亚海水淡化能力及用电量预测如图 3-9 所示。

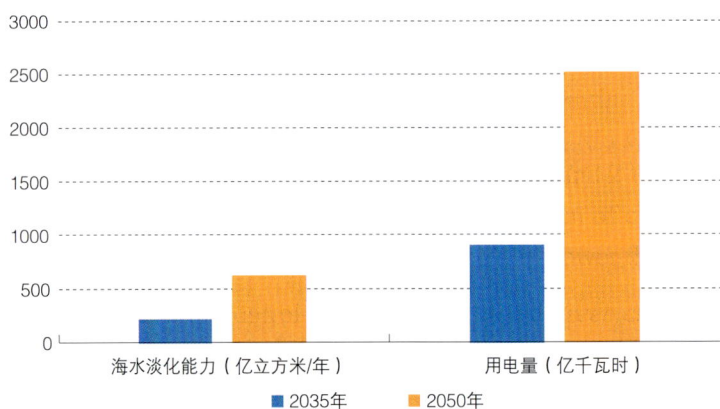

图 3-9 西亚海水淡化能力及用电量预测

海水淡化发展路线图

一、技术原理

海水淡化是从海水中获取淡水的技术和过程，目前已实现规模应用的主流技术有反渗透法和蒸馏法，蒸馏法又包括多级闪蒸法和低温多效蒸馏法等。

反渗透法通常又称超过滤法，是利用只允许溶剂透过、不允许溶质透过的半透膜，将海水与淡水分隔开，于海水一侧施加大于海水渗透压的外压，将海水中的纯水反向渗透至淡水侧，如图 1 所示。该技术要求海水的浓度在一定范围，对结垢、污染、氧化剂等控制要求严格。

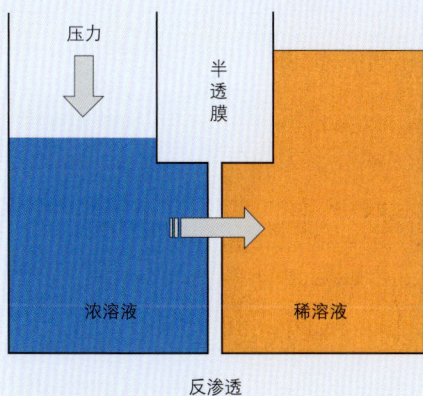

图 1　反渗透法原理示意图

在蒸馏法海水淡化技术中，多级闪蒸应用较为广泛。闪蒸是指一定温度的海水在压力突然降低的条件下，部分海水急骤蒸发的现象，多级闪蒸是指将加热的海水，依次通过多个温度、压力逐级降低的闪蒸室，进行蒸发冷凝的蒸馏淡化方法。

低温多效海水淡化技术利用水的沸点随所受压力下降而降低的原理，将一系列蒸发器串联起来，仅在首个蒸发器中输入热量将海水加热蒸发汽化后，所得蒸汽再作为后续低压低沸点蒸发器的热源，实现将蒸汽热能多次重复利用，从而获取多倍于首次加热所得蒸汽量的蒸馏水。

二、应用情况

反渗透法是全球应用最广泛的海水淡化技术，产量占比达到 67%，是沿海干旱地区供水的主要方案。随着反渗透膜性能、能源效率、运转技术的改进，能源消耗量大幅降低，已经由 1970 年高达 20 千瓦时 / 吨降低到目前的 2.5~4 千瓦时 / 吨。

多级闪蒸技术海水淡化产能约占全球的 21%。此法技术成熟、运行可靠，但能耗较大，约为 3.5~5 千瓦时 / 吨，项目初始投资大。多级闪蒸技术适合于大型和超大型海水淡化项目，与火电站联合建设以降低公共设施、电力、蒸汽等资源的成本。

低温多效蒸馏技术海水淡化产能较小，但能耗仅为 0.9～1.2 千瓦时 / 吨，装置规模不断扩大，成本日益降低，将逐渐具备与上述两种技术竞争的能力。未来发展趋势为提高首效温度、操作温度、传热效率，提高装置单机造水能力，采用廉价材料降低工程造价等。

三、技术发展前景

传统海水淡化采用常规能源，能耗高，二氧化碳排放量大。随着全球能源转型和低碳发展的深入，海水淡化技术与风、光等清洁能源发电的结合将是未来重要的发展趋势。

西亚地区气候炎热，降水稀少，土地干旱，水资源严重缺乏，海水淡化需求大。2020 年，沙特阿拉伯、阿联酋、科威特、卡塔尔和巴林五国的海水淡化装置总产水量占到全球总量的 55% 左右。西亚是全球太阳能资源最为富集的地区之一，大力发展太阳能发电并与海水淡化技术相结合，可有效降低海水淡化的能耗和投资成本，特别是对于无需蒸汽资源的反渗透法，降低能耗效益更加明显，实现能源清洁转型与提高民众生活福祉协调共赢。

四、发展目标及路径

发展海水淡化来满足西亚各国对于

淡水的需求将成为未来发展的重要组成部分，未来海水淡化厂使用清洁能源的比例将逐渐增加，海水淡化的消耗能源从化石能源转向清洁能源技术将有助于减少二氧化碳排放。未来政府将投入资金用于相关技术的研发，投建更多的反渗透水厂，随着膜设备、反渗透设备等水处理设备利用形式在整个地区完成规模化发展，预计 2035 年实现 50% 的新增海水淡化能力来自反渗透膜等先进技术，2050 年实现 100% 新增海水淡化能力来自反渗透膜等先进技术。

随着海水淡化技术的不断创新和进步及可持续的管理机制建立，预计西亚 2035、2050 年海水淡化年生产能力将提升至 230 亿、630 亿立方米，海水淡化生产能力年均增速约 7%。考虑海水淡化生产工艺将由热法向膜法转变，按每立方米海水淡化耗电 2.5～4 千瓦时计算，新增海水淡化生产能力将使西亚 2035 年最大新增电力需求 910 亿千瓦时，2050 年海水淡化最大新增电力需求达到 2520 亿千瓦时，占西亚总电力需求的比重分别为 4% 和 6%。西亚海水淡化发展路线图如图 2 所示。

海水淡化需求主要集中在沙特阿拉

伯、阿联酋等区域，其中 2050 年沙特阿拉伯、阿联酋海水淡化年生产能力分别约 200 亿和 180 亿立方米，新增海水淡化年电能需求量为 810 亿和 740 亿千瓦时，占西亚海水淡化年电能需求量的 32% 和 29%。

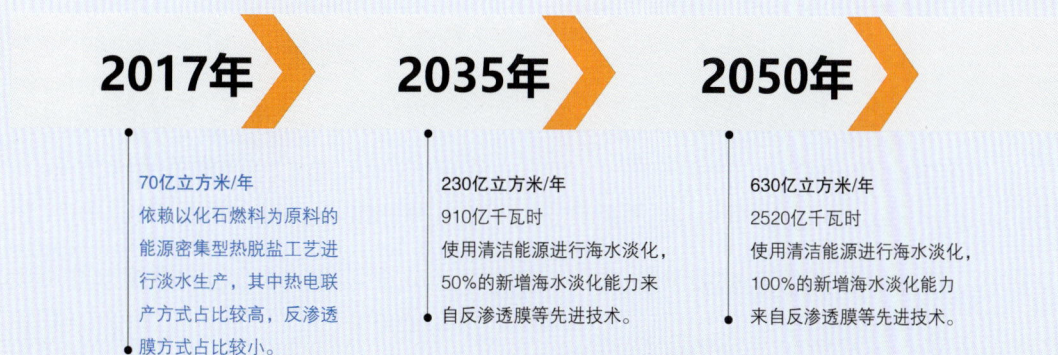

2017年   **2035年**   **2050年**

70亿立方米/年
依赖以化石燃料为原料的能源密集型热脱盐工艺进行淡水生产，其中热电联产方式占比较高，反渗透膜方式占比较小。

230亿立方米/年
910亿千瓦时
使用清洁能源进行海水淡化，50%的新增海水淡化能力来自反渗透膜等先进技术。

630亿立方米/年
2520亿千瓦时
使用清洁能源进行海水淡化，100%的新增海水淡化能力来自反渗透膜等先进技术。

图 2　西亚海水淡化发展路线图

4　氢能综合利用

2018 年，全球氢消费量 5600 万吨，其中 95% 作为化工原料使用，包括石油制品精炼、制氨、制甲醇、冶金、食品加工等；其余部分作为能源使用，包括航天、高端制热、氢燃料电池等。未来，随着能源清洁转型不断深入，对于氢的需求将主要体现在能源用途，特别是在电能难以替代的部分终端能源消费领域，氢能将发挥重要作用。

预计到 2050 年，氢需求量主要来源于以下领域：工业用氢方面，作为化工原料及高端制热能源，需求量对氢价非常敏感，且与减排要求相关。交通运输领域是未来氢能需求的主要增长点，目前氢燃料电池的发电效率约为 60%，随着技术进步，氢能有望在长途客车、货运、航运等长距离运输领域占有一席之地，但替代量与计及输配环节后的氢价密切相关。建筑用能方面，使用可再生电力生产的氢可以通过天然气管网供给家庭和商业建筑，用氢替代部分化石燃料。预计 2035、2050 年，西亚制氢用电量分别为 430 亿、2390 亿千瓦时，占西亚总用电量的 2%、6%。

专栏

氢能发展路线图

氢能具有来源广泛、能量密度大、清洁高效等诸多优点。未来，在难以利用电能替代进行脱碳的领域，如冶金、化工、货运、航运、工业制热等，氢能具有广泛的应用前景，是连接清洁电力与部分终端能源消费领域的"纽带环节"。在全球能源清洁转型、共同应对气候变化背景下，利用可再生能源制氢来替代化石能源消费，能够有效降低碳排放和环境污染，已引起西亚各国广泛关注。

一、发展现状

沙特阿拉伯和阿联酋是西亚氢能应用的先锋国家。2019年，沙特阿拉伯国家石油公司与空气产品公司宣布拟共同建立首个燃料电池汽车试点车队和加氢站。在沙特阿拉伯国家能源战略中，氢扮演关键角色，其多种独特优势有望支撑非油石化产业发展和实现风、光等可再生能源大规模部署。根据 IRENA 数据，沙特阿拉伯当前光伏和风电的制氢成本分别为 3.95 美元/千克和 3.31 美元/千克，氨的生产成本在 4.4～5.2 美元/千克之间。阿联酋标准化和计量管理局已经完成了氢电池汽车技术法规的制定，从最开始使用混合动力半环保汽车，然后转向更环保电动汽车，最后转向零排

放汽车三个实施层面，这让阿联酋成为西亚第一个根据该国后石油计划制定未来立法的国家。

二、电制氢技术原理及应用

2018 年，全球氢产量约 1.2 亿吨，其中 95% 来源于传统化石资源的热化学重整❶。化石资源制氢工艺成熟，成本相对低廉，但会排放大量的温室气体，对环境造成污染。未来，随着能源清洁转型的不断深入，电解水将成为主流的制氢方式。

目前，电解水制氢技术主要包括以下三种：**一是碱性电解槽技术，**其工作原理是在碱性溶液中，部分水分子分解成氢离子（H^+）和氢氧根离子（OH^-），氢离子在阴极得到电子并进一步生成氢分子（H_2），氢氧根离子则在阳极失去电子生成水分子和氧分子。碱性电解槽技术成熟、设备结构简单，具有较快的启停速度（分钟级）和部分功率调节能力，是当前主流的电解水制氢方法，缺点是效率较低（60%～70%）。**二是质子交换膜技术，**其特点是使用仅质子可以透过的有机物薄膜代替传统碱性电解槽中的隔膜和电解质，从而有效减小电解槽的体积和电阻，使电解效率提高

---

❶ 数据来源：IRENA《Hydrogen-A Renewable Energy Perspective》,2019.

到80%左右，功率调节也更加灵活。但由于使用贵金属作为催化剂，设备成本相对高昂。**三是高温固体氧化物电解槽技术（SOEC）**，其特点是在较高温度（600～1000摄氏度）环境下，电解反应的热力学和化学动力学特性都有所改善，可以将电解效率提高到90%左右。高温固体氧化物电解槽还可以作为燃料电池使用，实现电解和发电的可逆运行，该技术目前还处于商业示范阶段。

电制氢设备具有较快的启停速度和全功率调节范围，可以成为电网中宝贵的灵活性调节资源。主流的碱性电解槽启停速度为15～30分钟，新型的质子交换膜电解槽，启停速度可达秒级，功率调节范围可达额定功率的1.5倍左右。根据新能源发电出力和用电负荷的变化灵活调整电制氢设备的功率，使其成为系统中的可控负荷，可以有效消纳电网负荷低谷期的富余电力，平抑新能源发电的波动性。

风光发电具有波动性大、利用小时数低等特点，利用电制氢消纳新能源发电，制氢设备利用小时率不高。以风光互补新能源发电基地为例，按照风电光伏装机容量1∶1进行测算，电制氢设备利用率可提高至35%～45%（3000～4000小时）。电制氢与新能源发电匹配示意图（节选三日）如图1所示。

三、发展目标及路径

西亚清洁能源非常丰富，可再生能源发电成本全球最低，电制氢参与电力市场交易，在电网负荷低谷时段利用大电网的富余电力制氢，一方面可以进一步提高设备利用率，另一方面电力富余时段的电价更低。综合测算表明，考虑电制氢技术设备水平和成本，制氢的利用率在40%左右（年利用3500小时），可以基本兼顾制氢成本与新能源电力消纳的矛盾，制备的"绿氢"具备参与能源市场竞争的能力。预计到2030年，光伏发电的平准化度电成本（LCOE）降至1.8美分／千瓦时，低廉的可再生能源电力将大幅降低绿氢制取成本，竞争力超过油气制氢，能促进多领域氢能应用和大规模氢能跨区域贸易。

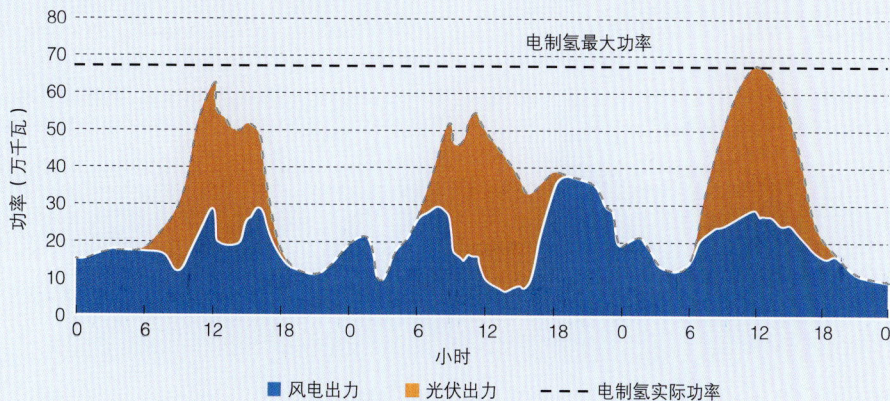

图1 电制氢与新能源发电匹配示意图（节选三日）

预计 2035、2050 年，西亚制氢耗能 2100 万、4900 万吨标准煤，其中电能比重分别为 25%、60%，根据热值按一定比例统一换算，1.229 吨标准煤折合 1 万千瓦时，制氢用电量分别为 430 亿、2390 亿千瓦时，占西亚总用电量的 2%、6%。

3.2.2　电力需求预测

西亚电力需求总量增长迅速，2035 年和 2050 年电力需求分别是 2017 年的 2.5 倍和 3.9 倍。2025、2030、2035 年和 2050 年西亚用电量分别达到 1.6 万亿、2.1 万亿、2.6 万亿千瓦时和 3.9 万亿千瓦时。2050 年西亚用电量约增长至 2017 年的 3.9 倍。2017—2035 年和 2036—2050 年西亚用电量年均增长率分别为 5.3% 和 2.9%。西亚主要国家用电量预测如表 3-1 所示。

表 3-1　西亚主要国家用电量预测

国家	用电量（亿千瓦时）					用电量增速（%）	
	2017	2025	2030	2035	2050	2017—2035	2036—2050
叙利亚	143	239	338	456	1112	6.7	6.1
黎巴嫩	169	229	283	334	459	3.8	2.1
约旦	176	265	350	442	750	5.3	3.6
伊拉克	413	751	1118	1589	3918	7.8	6.2
科威特	605	837	1051	1257	1639	4.1	1.8
沙特阿拉伯	2946	5048	6688	7446	11011	5.3	2.6
也门	33	64	98	143	260	8.4	4.1
阿曼	306	573	866	1251	1803	8.1	2.5
阿联酋	1147	2049	2731	2963	3894	5.4	1.8
卡塔尔	403	550	684	811	1057	4.0	1.8
巴林	261	314	361	395	577	2.3	2.6
伊朗	2515	3704	4832	6010	8050	5.0	2.0
阿富汗	58	125	208	330	1150	10.2	8.7

2025、2030、2035 年和 2050 年西亚最大负荷分别达到 3.1 亿、4 亿、5.1 亿千瓦和 7.8 亿千瓦。2050 年西亚最大负荷增长至 2017 年的 3.4 倍。2017—2035 年和 2036—2050 年西亚最大负荷年均增长率分别为 4.7% 和 2.8%。西亚主要国家最大负荷预测如表 3-2 所示。叙利亚、伊拉克、也门和阿富汗等国保持相对较高的用电量增速；沙特阿拉伯、阿联酋、约旦、伊朗和外高加索三国在 2035 年前保持高速增长，后逐渐趋缓；其他国家用电量增速相对平稳。

表 3-2　西亚主要国家最大负荷预测

国家	最大负荷（万千瓦）					负荷增速（%）	
	2017	2025	2030	2035	2050	2017—2035	2036—2050
叙利亚	533	803	1038	1342	2781	5.3	5.0
黎巴嫩	340	430	498	576	835	3.0	2.5
约旦	332	504	654	849	1443	5.4	3.6
伊拉克	1563	2510	3376	4540	9107	6.1	4.8
科威特	1380	1870	2261	2733	3414	3.9	1.5
沙特阿拉伯	6212	8028	10313	14049	21405	4.6	2.8
也门	136	193	241	300	541	4.5	4.0
阿曼	612	1165	1742	2606	3606	8.4	2.2
阿联酋	2316	3615	4774	6305	7488	5.7	1.2
卡塔尔	786	1066	1289	1560	2033	3.9	1.8
巴林	357	491	600	732	1049	4.1	2.4
伊朗	5540	7212	8504	10027	13546	3.4	2.0
阿富汗	130	238	348	509	1876	7.9	9.1

西亚电力消费主要集中在沙特阿拉伯、阿联酋和伊朗。 2050 年沙特阿拉伯用电量达到 1.1 万亿千瓦时，占西亚整个区域的 28%；阿联酋约 3890 亿千瓦时，占比约 9.9%；伊朗 8050 亿千瓦时，占西亚比重的 20.5%；外高加索三国用电量约 1350 万千瓦，占西亚整个区域比重仅 3.5%。西亚主要国家用电量占比预测如图 3-10 所示。

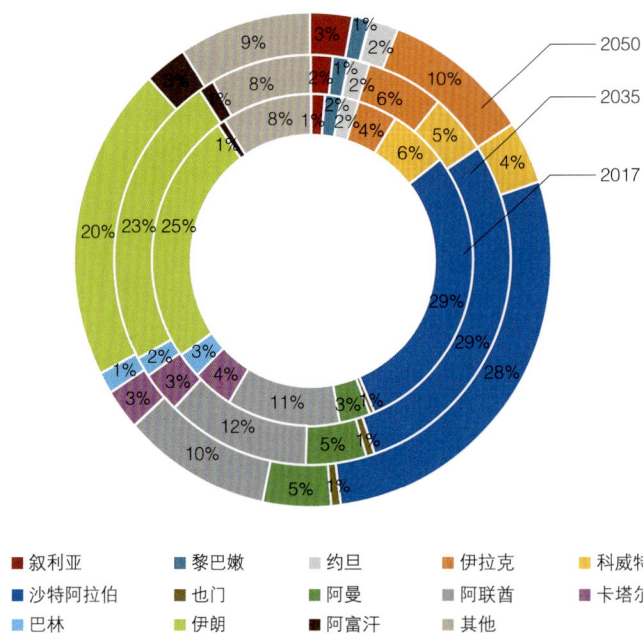

图 3-10 西亚主要国家用电量占比预测

人均用电量增长迅速。2050 年西亚年人均用电量达到 8640 千瓦时，约是 2017 年的 2.6 倍。海湾六国科威特、沙特阿拉伯、阿曼、阿联酋、卡塔尔和巴林人均用电量依然保持较高水平，2050 年年均超过 2 万千瓦时；受经济发展恢复的影响，伊拉克、叙利亚、阿富汗和外高加索三国年人均用电量增速最高，2050 年分别为 2017 年的 4.5、4.2、11.4 倍和 3.7 倍。西亚主要国家年人均用电量预测如图 3-11 所示。

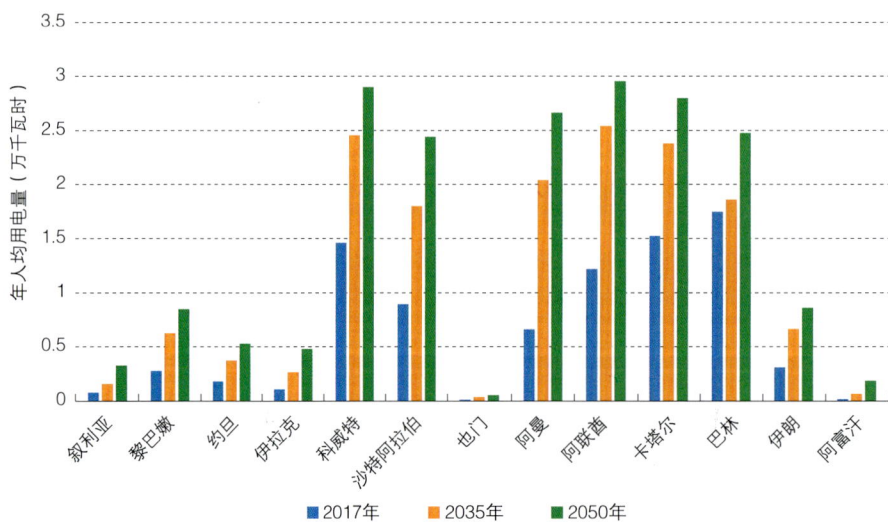

图 3-11 西亚主要国家年人均用电量预测

3.3 电力供应

西亚地区太阳能光伏发电度电成本具有较大的价格优势。近年来，受技术成本下降和项目竞标激烈等影响，太阳能光伏和光热发电成本逐年下降。2017 年上半年，全球光伏发电平准成本为 8.6 美分 / 千瓦时，较 2016 年下半年下降了 15%。槽式光热发电平准成本在 17.9～29.7 美分 / 千瓦时，较 2016 年下半年下降 4%。塔式光热发电平准成本为 26.4 美分 / 千瓦时，基本与 2016 年下半年持平。

西亚地区太阳能发电具有独特的优势，主要包括光照资源好，平均容量因子高达 19%；同时拥有规模效应，阿布扎比拥有目前全球最大的单体光伏电站"阿布扎比之光"，其总装机容量达 117.7 万千瓦；且融资成本低，土地与融资政策有利于太阳能光伏开发，带来较低的初期投资和运营成本，贷款利率低于 4%，因此西亚地区太阳能发电平准化度电成本在全球范围内处于较低水平。

2020 年 4 月底，阿联酋阿布扎比的一个 200 万千瓦的光伏电站投标中，最低报价的度电成本为 1.35 美分 / 千瓦时；2020 年 1 月底，卡塔尔 80 万千瓦光伏发电项目招标的最终电价为 1.567 美分 / 千瓦时；2019 年 10 月，阿联酋迪拜 500 万千瓦光伏电站第五期 90 万千瓦招标收到的最低投标电价为 1.69 美分 / 千瓦时；2018 年 2 月，沙特阿拉伯北部 Al Jouf 地区的塞卡凯 30 万千瓦光伏项目中标价格为 2.34 美分 / 千瓦时，这是沙特阿拉伯自发布"2030 愿景"以来的首个大型地面光伏电站，也是当时全球最低中标电价项目。

清洁能源发电竞争力显著增强。亚洲清洁能源资源丰富，随着清洁能源发电技术的快速发展，预计到 2035 年，集中式开发的陆上风电和光伏发电的平均度电成本将分别下降到 3 美分和 1.9 美分，到 2050 年分别下降到 2.4 美分和 1.4 美分。亚洲清洁能源发电度电成本现状和预测如图 3-12 所示。

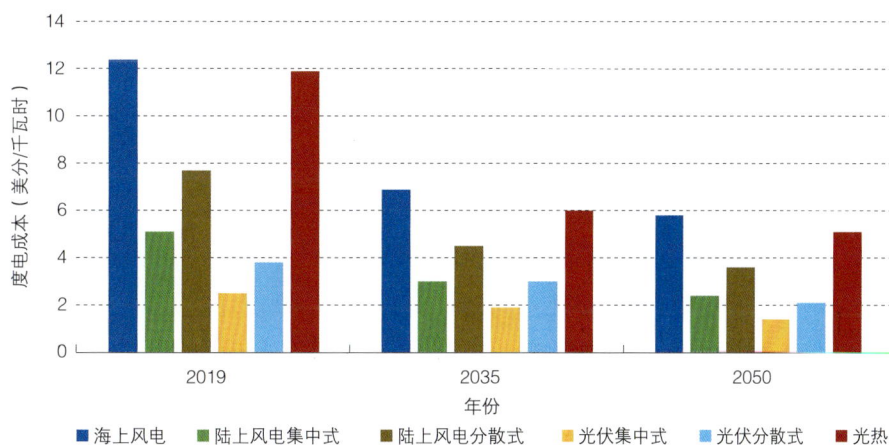

图 3-12 亚洲清洁能源发电度电成本现状和预测

西亚太阳能综合利用

一、太阳能发电原理

目前，主流的太阳能发电主要分为光伏发电和光热发电两种。**光伏发电（PV）**是一种基于光生伏特效应将太阳能直接转化为电能的过程。光伏发电系统的主要由太阳能电池及其组件（或方阵）、逆变器、升压变压器以及测量、数据采集等附属设施构成，如图1所示。

光热发电（CSP）利用镜面阵列反射和集中直射光照，加热集热装置中的工作流体（如熔融盐），驱动汽轮机组进行发电，从而实现太阳能—热能—电能的转变，如图2所示。

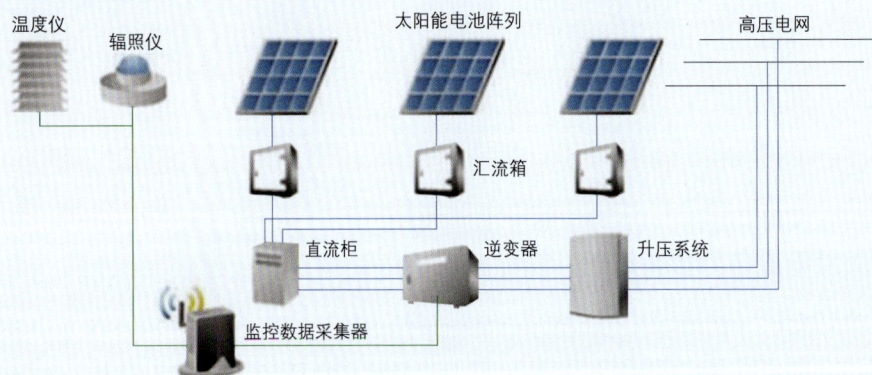

图1　光伏发电系统示意图

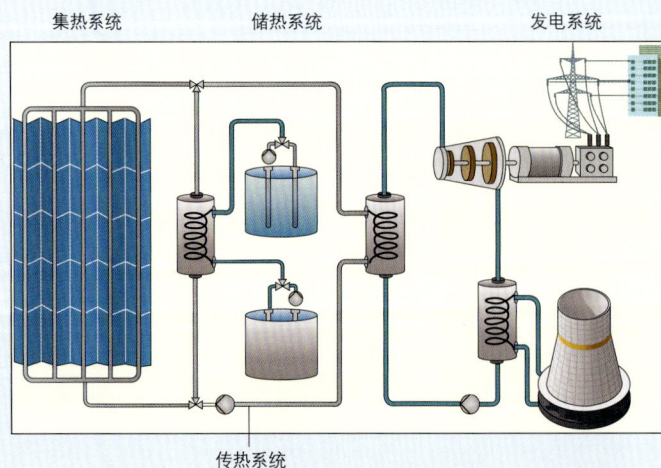

图2　光热发电系统示意图

二、太阳能发电成本呈下降趋势

2010 年至 2019 年间，全球太阳能发电成本呈现快速下降趋势。根据彭博新能源财经、国家可再生能源署等机构发布的信息，光伏电站的度电成本从 35 美分降至 5 美分，如图 3 所示，下降幅度超过 85%；光热发电度电成本从 34 美分降至 19 美分，如图 4 所示，下降幅度超过 44%。

图 3　全球光伏度电成本变化趋势❶

图 4　全球光热发电平均度电成本❷

预计到 2050 年，西亚地区光伏发电（集中开发）和光热发电的度电成本分别可降至 1.4 美分和 5.1 美分。

三、光伏光热的联合开发利用

西亚地区太阳能资源丰富，光伏光热联合开发利用可以充分利用光伏成本低和光热具备调节能力的特点，将二者进行优势互补。

以西亚某地区为例，该地区用电负荷特性为夏大冬小，日内早晚两个高峰，如图 5（a）所示。当地年均水平总辐射（GHI）为 2351 千瓦时 / 平方米，光伏全年利用小时数可达 2000 小时；年均直射辐射（DNI）为 2438 千瓦时 / 平方米，光热发电全年利用小时数可达约 5000 小时，如图 5（b）所示。

光伏光热联合开发，白天尽量以光伏发电满足用电需求，夜间或其他光伏无法发电的时段，用电需求要由光热承担，典型日光伏 + 光热发电曲线如图 6 所示。相比纯光伏开发，该方案具备在夜间供电的能力；相比纯光热开发，该方案下的光热对集热功率的要求不高，可以通过减少镜场等措施降低成本。按照目前的项目投资成本测算，

❶ 来源：彭博新能源财经。
❷ Renewable Power Generation Costs in 2018，IRENA.

光伏光热联合开发的度电成本约为 7.7 美分，相比纯光热和光伏＋锂离子电池，度电成本分别降低 34% 和 52%，具有较好的发展潜力。

（a）西亚某地区典型日负荷曲线　　　　（b）西亚某地区典型日太阳能辐照曲线

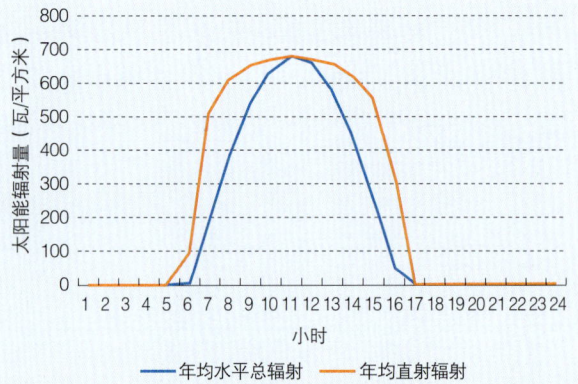

图 5　边界条件曲线

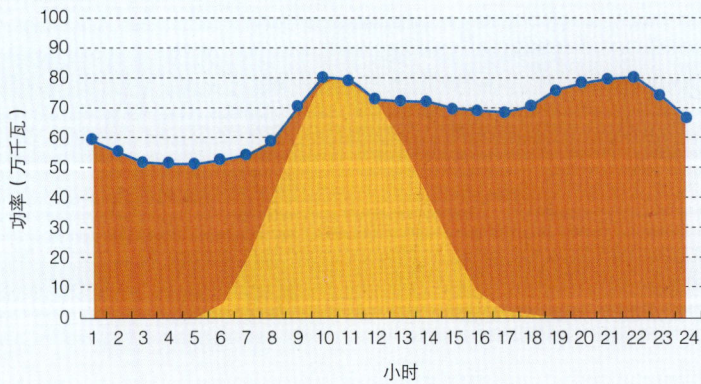

图 6　典型日光伏＋光热发电曲线

电源装机持续快速增长，装机结构向清洁能源为主导转变。2025、2030、2035 年和 2050 年西亚电源装机分别达到 5.9 亿、8.4 亿、10.5 亿千瓦和 17.5 亿千瓦。2017—2035 年和 2036—2050 年电源装机增长分别达到 4.6% 和 6.1%。清洁电源装机分别达到 2.6 亿、5.4 亿、7.2 亿千瓦和 14.3 亿千瓦，占西亚总装机的比重分别提升至 44%、64%、69% 和 82%。其中，2050 年太阳能和风能占总装机的比重分别提升至 70.9% 和 5.7%，火电装机约 3.2 亿千瓦，占总装机的比重降低至 18.4%。西亚电源装机展望如图 3-13 所示。

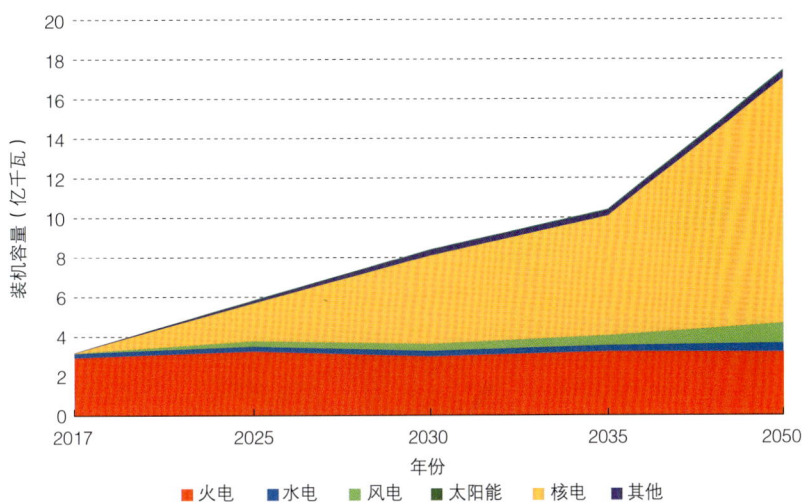

图 3-13　西亚电源装机展望

2025、2030、2035 年和 2050 年西亚总发电量为 1.7 万亿、2.3 万亿、2.7 万亿千瓦时和 4.3 万亿千瓦时，清洁能源发电量分别为 0.6 万亿、1.1 万亿、1.6 万亿千瓦时和 3.2 万亿千瓦时，占西亚总发电量的比重分别提升至 32%、50%、60% 和 74%。其中，太阳能发电量分别达到 0.3 万亿、0.8 万亿、1.2 万亿千瓦时和 2.7 万亿千瓦时，占总发电量的比重分别为 20%、35%、45% 和 62%；风电发电量分别达到 460 亿、620 亿、920 亿千瓦时和 1700 亿千瓦时，占总发电量的比重分别为 3%、3%、3% 和 4%。西亚发电量结构如图 3-14 所示。

分国家看，沙特阿拉伯、伊朗、伊拉克和阿联酋电源装机容量相对较大，各国电源装机占西亚总装机的比重变化较小。2025、2030、2035 年和 2050 年沙特阿拉伯装机容量分别达到 1.9 亿、2.8 亿、3.4 亿千瓦和 5.4 亿千瓦，占总装机的比重分别为 33%、33%、33% 和 31%；伊朗装机容量达到 1.1 亿、1.5 亿、1.7 亿千瓦和 3.3 亿千瓦，占总装机的比重分别为 19%、18%、16% 和 19%；伊拉克装机容量分别达到 0.6 亿、0.86 亿、1.2 亿千瓦和 2.1 亿千瓦，占总装机的比重分别为 10%、10%、12% 和 12%；阿联酋装机容量分别达到 0.7 亿、0.88 亿、1.16 亿千瓦和 1.7 亿千瓦，占总装机的比重分别为 11%、10%、11% 和 9%。2050 年西亚各国装机容量占比如图 3-15 所示。

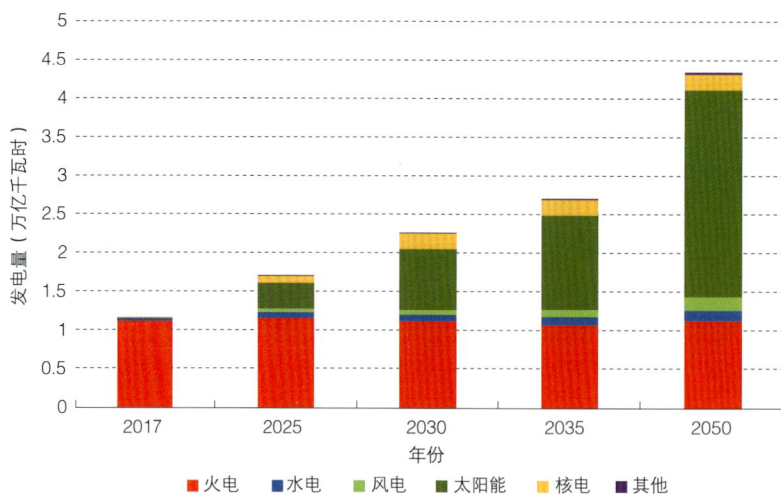

图 3-14　西亚发电量结构

图例：■火电　■水电　■风电　■太阳能　■核电　■其他

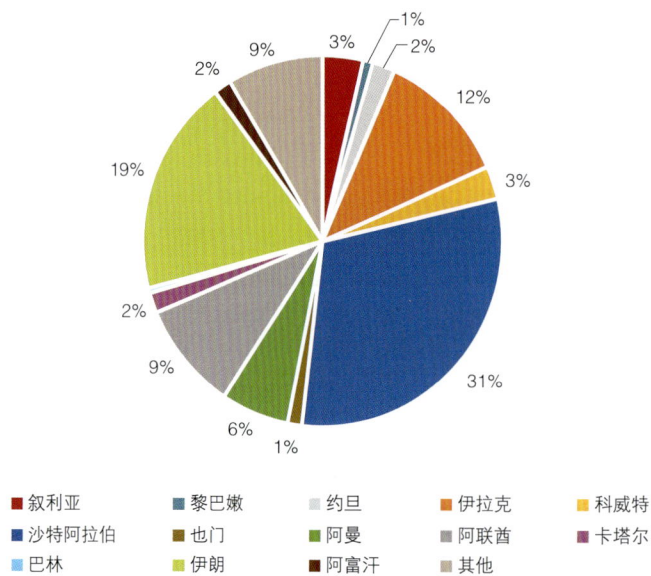

图例：
■叙利亚　■黎巴嫩　□约旦　■伊拉克　■科威特
■沙特阿拉伯　■也门　■阿曼　■阿联酋　■卡塔尔
■巴林　■伊朗　■阿富汗　■其他

图 3-15　2050 年西亚各国装机容量占比

Chapter 4

清洁能源资源开发布局

西亚清洁能源资源丰富，开发利用程度较低，需要因地制宜推动清洁能源集中式和分布式协同开发，实现清洁能源的大规模开发和高效利用。综合风、光、降水等气候数据以及地理信息、地物覆盖等数据，对西亚清洁能源资源及大型基地布局进行研判。

4.1　清洁能源资源分布

4.1.1　风能

西亚风能资源一般，理论蕴藏量约 83 万亿千瓦时 / 年。距地面 100 米高度全年平均风速范围约 2~11 米 / 秒❶。全年平均风速大于 7 米 / 秒的区域主要分布于伊朗东部、阿富汗西部和沙特阿拉伯西部部分地区。伊朗东部和阿富汗西部当地属大陆性温带沙漠气候，风速较高，部分地区年平均风速可达 11 米 / 秒。

风速低于 5 米 / 秒的区域主要分布于格鲁吉亚、亚美尼亚和阿塞拜疆三国大部分地区、伊朗北部和阿富汗东北部部分地区。格鲁吉亚、亚美尼亚和阿塞拜疆三国同属亚热带气候，地面植被覆盖率高，风速较低。伊朗北部属于里海气候，植被覆盖率高，风速低。阿富汗东北部属温带大陆性气候，部分地区植被覆盖率高，风速较低。西亚年平均风速分布如图 4-1 所示。

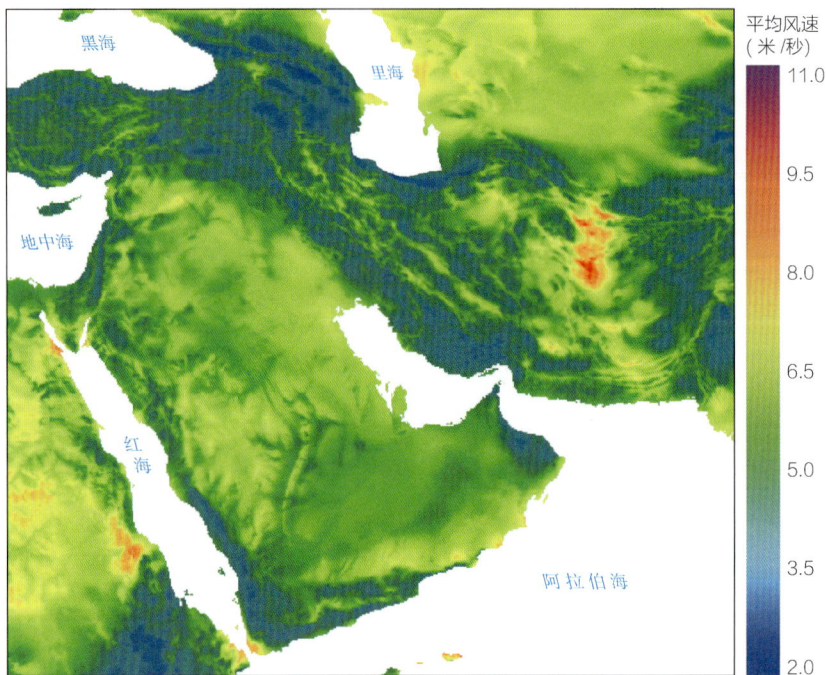

图 4-1　西亚年平均风速分布示意图

---

❶ 数据来源：VORTEX，风能资源信息数据库。

4.1.2 太阳能

西亚光伏发电理论蕴藏量约 12720 万亿千瓦时 / 年。太阳能年总水平面辐射量范围为 900～2500 千瓦时 / 平方米❶，大于 1500 千瓦时 / 平方米的区域主要分布于叙利亚、伊拉克、巴林、卡塔尔、约旦、沙特阿拉伯、也门、阿曼和阿联酋等国全境以及伊朗和阿富汗南部地区。这些国家和地区光照条件好，植被覆盖率低。太阳能年总水平面辐射量低于 1000 千瓦时 / 平方米的区域主要分布于格鲁吉亚北部和西部地区。该地区植被覆盖率较高，光照条件相对较差。西亚太阳能年总水平面辐射量分布如图 4-2 所示。沙特阿拉伯光伏发电理论蕴藏量约 4400 万亿千瓦时 / 年。太阳能年总水平面辐射量范围为 1900～2400 千瓦时 / 平方米❷。该国太阳能年总水平面辐射量较高，西部和南部光照条件相对较好，植被覆盖率低。伊朗光伏发电理论蕴藏量约 3270 万亿千瓦时 / 年。太阳能年总水平面辐射量范围为 1200～2300 千瓦时 / 平方米❸。该国大于 1500 千瓦时 / 平方米的区域主要分布于西南和东南部地区，这些地区光照条件较好，东南部地区植被覆盖率较低。阿联酋光伏发电理论蕴藏量约 159 万亿千瓦时 / 年。太阳能年总水平

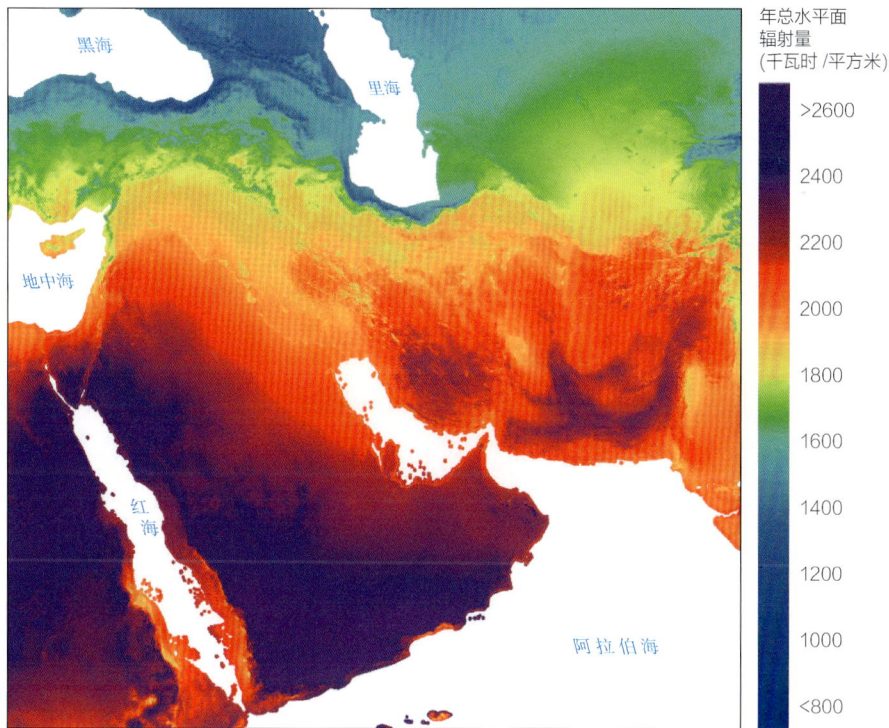

图 4-2 西亚太阳能年总水平面辐射量分布示意图

---

❶ 数据来源：SOLARGIS，太阳能资源信息数据库。
❷ 数据来源：SOLARGIS，太阳能资源信息数据库。
❸ 数据来源：SOLARGIS，太阳能资源信息数据库。

面辐射量范围为 2000～2200 千瓦时 / 平方米❶。该国太阳能年总水平面辐射量较高，南部地区光照条件相对较好，植被覆盖率低。伊拉克光伏发电理论蕴藏量约 873 万亿千瓦时 / 年。太阳能年总水平面辐射量范围为 1600～2100 千瓦时 / 平方米❷。该国太阳能年总水平面辐射量较高，南部地区光照条件相对较好，植被覆盖率低。

西亚太阳能光热发电理论蕴藏量约 12350 万亿千瓦时 / 年，太阳能年法向直射辐射范围为 500～3000 千瓦时 / 平方米，高于 2000 千瓦时 / 平方米的区域主要分布于约旦大部分地区、沙特阿拉伯西北部地区、也门中部及东部地区、阿曼南部地区、伊朗西南部和东南部地区、阿富汗中部地区、叙利亚西南部地区和伊拉克西部地区。该区域植被覆盖率低，太阳能法向直射辐射量高，沙特阿拉伯西北部部分地区可达 3000 千瓦时 / 平方米。太阳能年总法向直射辐射量低于 1000 千瓦时 / 平方米的区域主要分布于格鲁吉亚和阿塞拜疆大部分地区以及亚美尼亚北部地区。该区域地形多为盆地和山地地形，植被覆盖率较高，最低仅 500 千瓦时 / 平方米。西亚太阳能年总法向直射辐射量分布如图 4-3 所示。

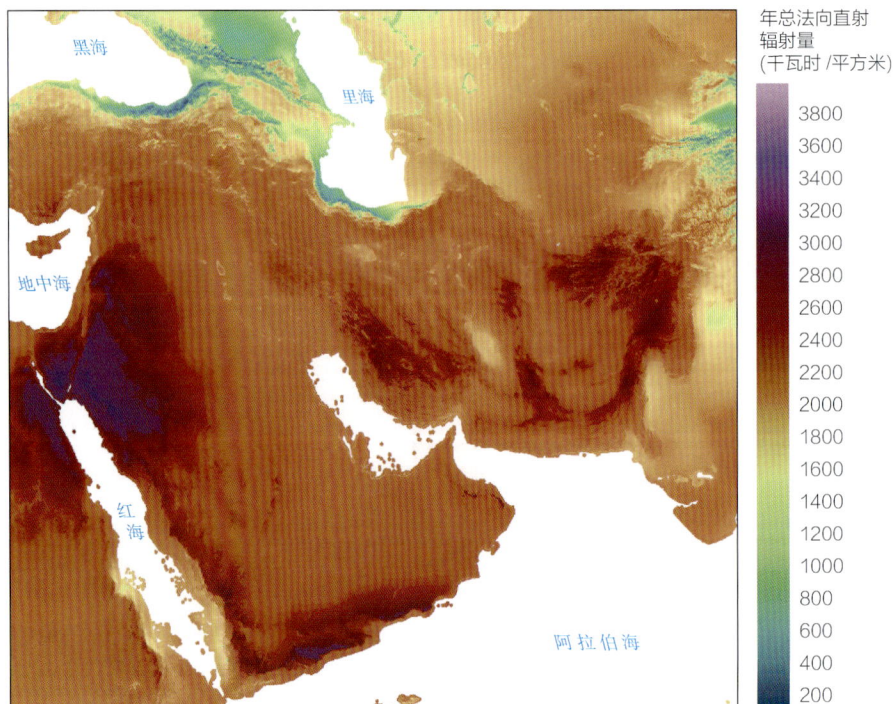

图 4-3　西亚太阳能年总法向直射辐射量分布示意图

---

❶ 数据来源：SOLARGIS，太阳能资源信息数据库。
❷ 数据来源：SOLARGIS，太阳能资源信息数据库。

4.2　清洁能源基地布局

统筹清洁能源资源分布、开发条件及各国能源电力发展规划，2050 年在西亚重点开发 8 个风电基地，总装机容量约 6300 万千瓦；15 个太阳能基地，总装机容量约 3.9 亿千瓦。

4.2.1　风电基地

西亚风电基地主要分布在阿拉伯半岛东南端、波斯湾西部沿岸、阿曼南部沿海、叙利亚北部和伊朗东部，8 个风电基地，总技术可开发量约 2.8 亿千瓦。西亚风电基地分布如图 4-4 所示，装机情况如表 4-1 所示。

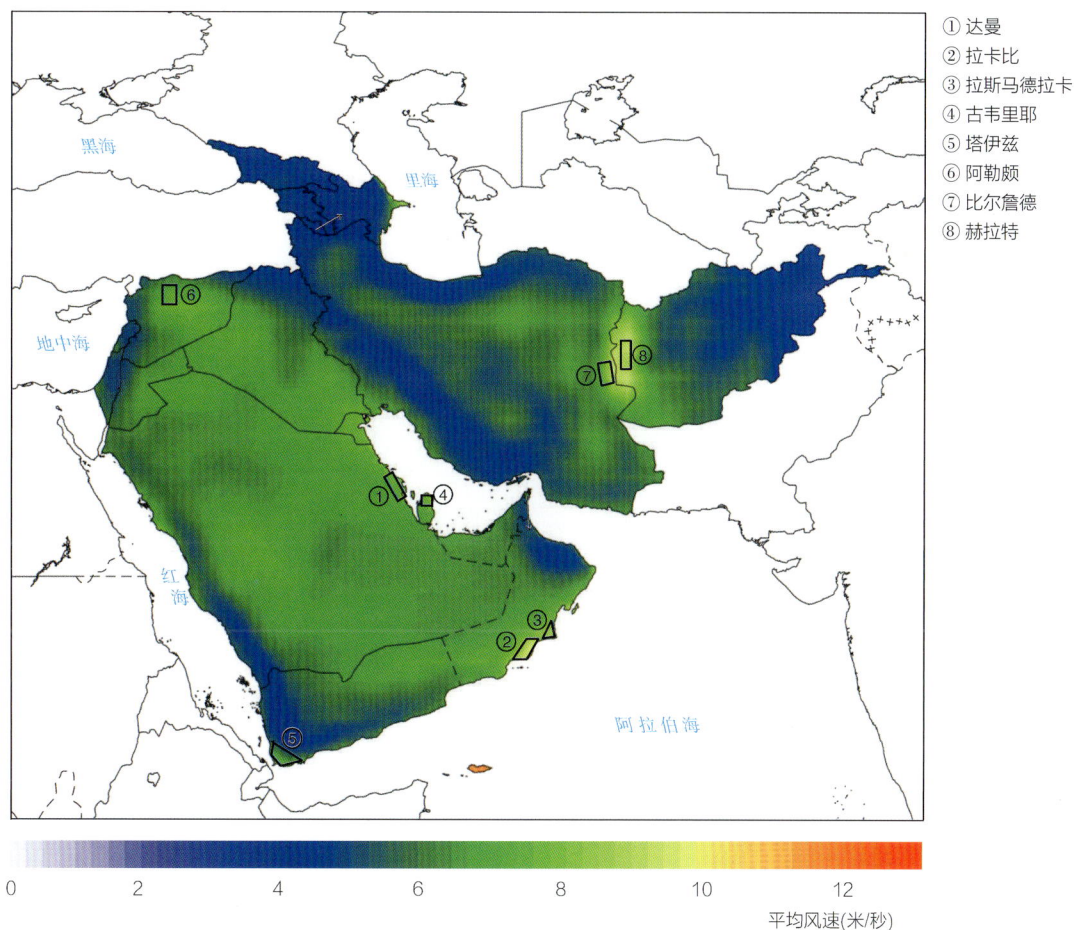

① 达曼
② 拉卡比
③ 拉斯马德拉卡
④ 古韦里耶
⑤ 塔伊兹
⑥ 阿勒颇
⑦ 比尔詹德
⑧ 赫拉特

图 4-4　西亚风电基地布局示意图

表 4-1 西亚风电基地装机情况

单位：万千瓦

序号	基地选址	所属国家	技术可开发量	2035年装机容量	2050年装机容量
1	达曼	沙特阿拉伯	4500	3000	4000
2	拉卡比	阿曼	4500	500	800
3	拉斯马德拉卡	阿曼	2000	200	200
4	古韦里耶	卡塔尔	1500	200	200
5	塔伊兹	也门	4000	500	500
6	阿勒颇	叙利亚	3500	100	100
7	比尔詹德	伊朗	3000	100	100
8	赫拉特	阿富汗	5000	400	400
	合计		28000	5000	6300

4.2.2 太阳能基地

西亚太阳能基地主要分布在沙特阿拉伯、阿联酋、阿曼、叙利亚、伊拉克、伊朗和阿富汗，建设15个大型太阳能基地，总技术可开发量约15.3亿千瓦。西亚太阳能基地分布如图4-5所示，装机情况如表4-2所示。

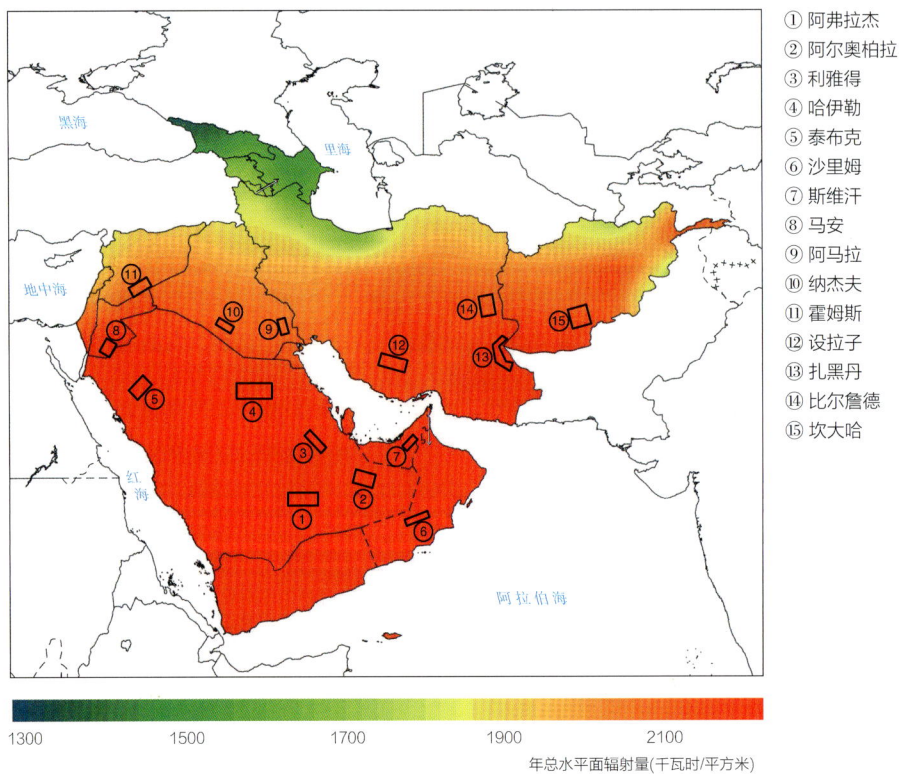

图 4-5 西亚太阳能基地布局示意图

表 4-2　西亚太阳能基地装机情况

单位：万千瓦

序号	基地选址	所属国家	技术可开发量		2035 年装机容量		2050 年装机容量	
			光伏	光热	光伏	光热	光伏	光热
1	阿弗拉杰	沙特阿拉伯	5000	6500	1500	2500	3000	5000
2	阿尔奥柏拉	沙特阿拉伯	4500	6000	1000	2500	2000	5000
3	利雅得	沙特阿拉伯	5000	2500	1500	1000	3000	2000
4	哈伊勒	沙特阿拉伯	6000	7000	2000	3000	4000	6000
5	泰布克	沙特阿拉伯	5000	6000	1000	2750	2000	5500
6	沙里姆	阿曼	8000	3500	2750	1250	5500	2500
7	斯维汗	阿联酋	7500	3500	3250	1750	6500	3500
8	马安	约旦	7000	3000	1250	600	2500	1200
9	阿马拉	伊拉克	4500	4000	2000	1750	4000	3500
10	纳杰夫	伊拉克	4000	3500	1750	1500	3500	3000
11	霍姆斯	叙利亚	6000	5000	1500	1100	3000	2200
12	设拉子	伊朗	8000	4000	2500	1250	5000	2500
13	扎黑丹	伊朗	7500	3000	2250	750	4500	1500
14	比尔詹德	伊朗	7500	2500	2250	500	4500	1000
15	坎大哈	阿富汗	6000	1000	400	—	800	200
	合计		91500	61000	26900	22200	53800	44600

Chapter 5

电网互联

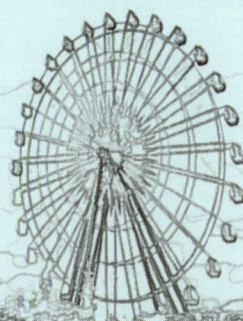

根据西亚清洁能源资源禀赋和空间分布，参考各国能源电力发展规划，统筹清洁能源与电网发展，加快各国和区域电网升级；依托特高压交直流等先进输电技术，充分发挥各区域优势，推进电网互联和跨国能源通道建设，形成覆盖清洁能源基地和负荷中心的坚强网架，全面提升电网的资源配置能力，支撑清洁能源大规模、远距离输送及大范围消纳和互补互济，满足各个国家和地区电力需求，促进能源清洁转型，保障经济社会可持续发展。

5.1 电力流

统筹考虑电源发展、电力需求分布和清洁能源开发布局，通过电力电量平衡分析，沙特阿拉伯、伊朗、阿曼和阿联酋是西亚主要的电力外送基地，阿富汗、科威特、巴林和卡塔尔为主要的电力受入中心，总体电力流呈现"双中心向四周外送"的格局。西亚是亚洲重要的清洁能源基地，借助区位优势和资源优势，跨洲跨区形成向南亚和欧洲送电格局。2050 年西亚电力流总体格局如图 5-1 所示。

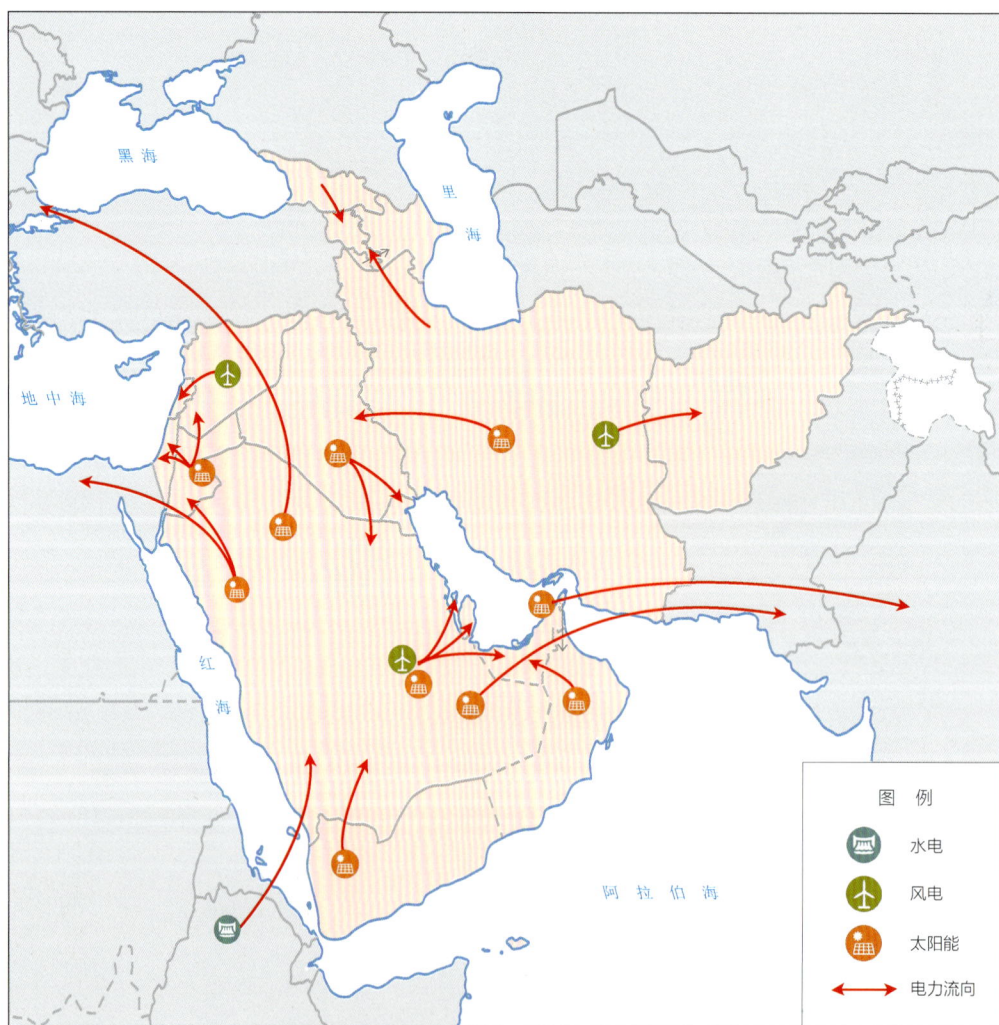

图 5-1　2050 年西亚电力流总体格局示意图

5.1.1 主要国家供需平衡

● **沙特阿拉伯：** 2050 年最大负荷 2.1 亿千瓦，电源装机容量 5.4 亿千瓦，是西亚重要的太阳能和风电基地。在满足本地电力需求的基础上，盈余电力跨国送至周边约旦、科威特、巴林和卡塔尔等国，跨区送至南亚巴基斯坦，跨洲送电欧洲和非洲。

● **阿联酋：** 2050 年最大负荷 7490 万千瓦，电源装机容量 1.7 亿千瓦，是西亚重要的太阳能基地。阿联酋凭借区位优势，跨区向南亚印度送电。

● **伊朗：** 2050 年最大负荷 1.4 亿千瓦，电源装机容量 3.3 亿千瓦，是西亚重要的太阳能基地。伊朗是西亚电力输出国，在满足本国用电需求的基础上，盈余电力主要外送周边伊拉克、阿富汗、亚美尼亚和阿塞拜疆等国，跨区外送电力至南亚巴基斯坦。

● **伊拉克：** 2050 年最大负荷 0.9 亿千瓦，电源装机容量 2.1 亿千瓦，是西亚重要的太阳能基地。伊拉克是西亚电力输出国，在满足本国用电需求的基础上，盈余电力主要外送科威特。

● **外高加索三国：** 2050 年最大负荷 3000 万千瓦，电源装机容量 0.6 亿千瓦。外高加索三国中格鲁吉亚是电力输出国，在满足本国用电需求的基础上，盈余电力主要外送周边亚美尼亚和阿塞拜疆。

5.1.2 电力流方案

2035 年和 2050 年，西亚跨洲跨区跨国电力流将分别达到 6375 万千瓦和 10750 万千瓦。

2035 年， 跨洲跨区电力流 3100 万千瓦，其中沙特阿拉伯分别外送巴基斯坦、土耳其和埃及电力 800 万、800 万千瓦和 300 万千瓦，同时与埃塞俄比亚互济电力 400 万千瓦，实现水光互补高效利用；阿联酋外送印度电力 800 万千瓦。区内跨国电力流 3275 万千瓦，其中沙特阿拉伯外送邻国电力 1200 万千瓦，包括外送巴林 400 万千瓦、卡塔尔 500 万千瓦、阿联酋 100 万千瓦、约旦 200 万千瓦，从伊拉克和也门分别受入电力 200 万千瓦；伊拉克外送科威特电力 600 万千瓦；伊朗太阳能外送规模 275 万千瓦，分别外送阿富汗 100 万千瓦，伊拉克 100 万千瓦和外高加索三国 75 万千瓦；外高加索三国中阿塞拜疆基本自平衡，格鲁吉亚外送亚美尼亚 100 万千瓦电力。

2035 年西亚主要电力流示意如图 5-2 所示。

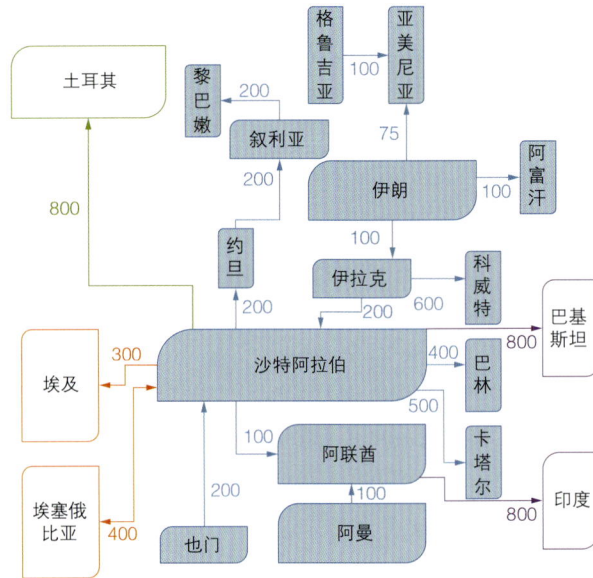

图 5-2　2035 年西亚主要电力流示意图（单位：万千瓦）

2050 年， 跨洲跨区电力流 5700 万千瓦，主要向南亚送电 2800 万千瓦，其中印度和巴基斯坦分别受入电力 1600 万千瓦和 1200 万千瓦；向土耳其和埃及分别送电 1600 万（其中 400 万千瓦转送保加利亚）和 700 万千瓦；与埃塞俄比亚互济电力 400 万千瓦；从中亚受电 200 万千瓦。区内跨国电力流 5050 万千瓦，以沙特阿拉伯和伊朗的太阳能外送为主，规模分别达到 2600 万千瓦和 1100 万千瓦，其中沙特阿拉伯外送科威特 600 万千瓦、巴林 600 万千瓦、卡塔尔 600 万千瓦、阿联酋 100 万千瓦、约旦 300 万千瓦，从也门受入电力 200 万千瓦，伊朗外送电力 600 万至阿富汗、100 万至伊拉克、300 万至外高加索三国；外高加索三国中格鲁吉亚分别外送亚美尼亚和阿塞拜疆 100 万、150 万千瓦。

2050 年西亚主要电力流示意如图 5-3 所示。

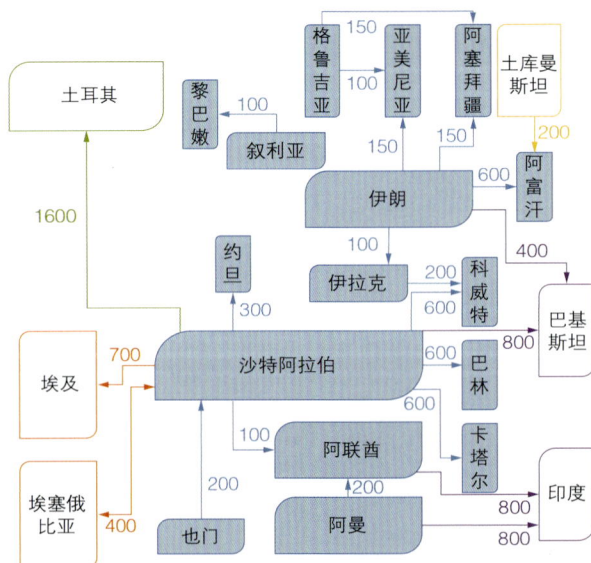

图 5-3　2050 年西亚主要电力流示意图（单位：万千瓦）

5.2 电网互联方案

5.2.1 总体格局

结合西亚各国电网发展及大型清洁能源基地开发情况，利用特高压交直流等先进输电技术，**2050 年西亚总体形成"区内双中心，跨洲跨区连接亚欧非"的大型清洁能源外送平台格局**，即区内以沙特阿拉伯和伊朗电网为双中心，各国电网实现广泛互联，跨洲跨区向东与南亚、向西通过埃及和埃塞俄比亚与非洲、向北与欧洲，连接大型清洁能源基地和负荷中心的交直流互联电网。

专栏

沙特阿拉伯电网现状及周边电网互联基础

一、沙特阿拉伯电网现状

沙特阿拉伯电网频率为 60 赫兹，电网由 380 千伏、230 千伏和 110～132 千伏三个电压等级构成，230 千伏仅存在于东部区域。根据阿电联统计，2017 年 380 千伏、230 千伏和 110～132 千伏线路长度分别为 37270、4191 千米和 42143 千米。

沙特阿拉伯国内输电网采用 380 千伏电压等级，主要分为东、中、西和南部四个区域电网，东部电网用电负荷占总量的 31%，西部电网占比为 29%，中部电网占比为 32%，南部电网负荷比重最低，仅占全国的 8%，如图 1 所示。沙特阿拉伯用电以居民生活用电为主，负荷中心以人口密集的城市为主，其中超百万人口的城市集中在东、西电网所在海岸沿线以及首都利雅得，南部电网人

口稀疏分散。

四个区域电网中，东部、中部及西部电网较坚强，各自围绕负荷中心形成 380 千伏不完全双环网结构，并向南北纵向延伸；南部电网的 380 千伏网架较薄弱，仅覆盖西南沿海部分区域。沙特阿拉伯各区域电网间已通过 380 千伏联络线实现互联，中部与东部之间联系比较紧密，西部与中部、南部之间联系比较薄弱，仅通过两三条 380 千伏单回线路实现远距离横向互联。

沙特阿拉伯正计划新建一条 ±500 千伏吉达至首都利雅得的直流工程，以加强中部和西部电网间的联系。跨国电网建设处于起步阶段，仅通过一个背靠背直流站与东部 50 赫兹的海湾六国互联电网相连，交换能力为 120 万千瓦，该互联通道的建设初衷是实现海湾国家共

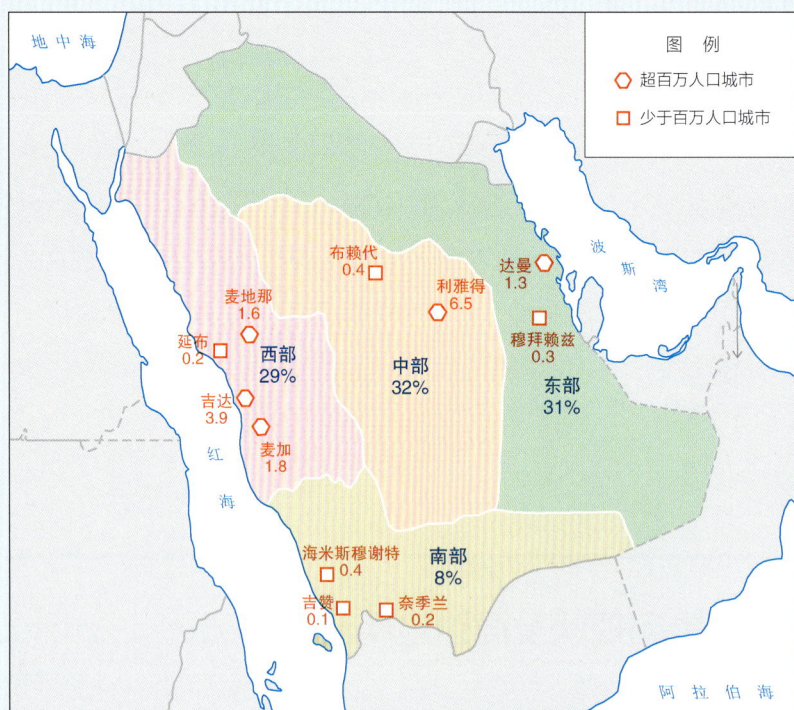

图1 沙特阿拉伯城市分布及电网分区

享备用容量，同时为各国间的电能交易提供基础，因此目前该互联电网电量交换少、线路利用率较低，每年交换的电量不到交换能力的5%。2019年，沙特阿拉伯向南正规划与也门单回380/400千伏线路互联，向北±500千伏麦地那—泰布克—开罗300万千瓦直流工程处于线路选址阶段，沙特阿拉伯希望通过该直流工程实现与北非联网，进而加强与埃及合作，开发大型太阳能发电基地。

二、周边电网互联基础

沙特阿拉伯所在的西亚具有较好的联网基础，各国家之间基本已形成互联电网。叙利亚和约旦、黎巴嫩和伊拉克分别通过1回400千伏线路相连；伊拉克通过2回400千伏线路与伊朗联网；沙特阿拉伯、科威特、巴林、卡塔尔、

阿联酋、阿曼海湾六国之间通过双回400千伏交流线路互联；外高加索三国格鲁吉亚、阿塞拜疆、亚美尼亚之间分别通过1回500千伏、2回330千伏和多回220千伏及以下线路互联；伊拉克、叙利亚、伊朗通过多回400千伏及以下线路与土耳其等欧洲国家联网；约旦通过1回400千伏线路与非洲埃及联网；格鲁吉亚分别通过1回500千伏线路与俄罗斯互联、1回400千伏线路与土耳其互联。

此外，在海合会与阿拉伯电力联盟共同推动下，西亚各国在能源电力互联与互济方面开展了大量研究，并共同推动太阳能等清洁能源发展，这为沙特阿拉伯太阳能开发及电网互联外送提供了良好的基础条件。

5.2.2 互联方案

2035 年，西亚用电量 2.5 万亿千瓦时，最大负荷 5.1 亿千瓦，电源装机容量 10.5 亿千瓦。

跨洲跨区，以太阳能基地电力外送通道为主，西亚与南亚通过沙特阿拉伯阿尔奥柏拉—巴基斯坦海得拉巴和阿联酋斯维汗—印度斋普尔 2 条 ±800 千伏直流互联；与欧洲通过沙特阿拉伯阿尔克苏马—土耳其伊斯坦布尔—保加利亚哈斯科沃 ±800 千伏直流互联；与非洲通过沙特阿拉伯麦地那—泰布克—埃及开罗 ±500 千伏三端直流互联；与东非通过沙特阿拉伯利雅得—埃塞俄比亚亚的斯亚贝巴 ±660 千伏直流互联。

区内，西亚各国国内电网网架进一步加强，海湾六国电网加强或升级 380/400 千伏主网架，区内局部形成网状坚强结构，沙特阿拉伯中东部和西部构建覆盖清洁能源基地和负荷中心的坚强特高压交流网架，太阳能基地外送能力进一步增强；西亚北部约旦、黎巴嫩、叙利亚和伊拉克等国基本形成本国 400 千伏主网架，跨国互联通过 400 千伏交流线路进一步加强；西亚东部伊朗和阿富汗加强交流互联；外高加索三国之间通过 500 千伏交流形成同步电网。**沙特阿拉伯**电网整体形成品字形结构，初步建成首都利雅得及周边地区的 1000 千伏特高压交流环网，提高负荷中心的受电能力，并通过 3 条特高压交流输电通道向南部太阳能基地延伸。东部沿海的 380 千伏电网从单回扩建为双回后改接入特高压变电站，中、东部之间的 380 千伏横向联络线从单回加强为双回。西部 380 千伏纵向输电网进一步单回加强为双回，西部与中东部电网间新建双回 380 千伏线路保持横向紧密联络。北部电网向南延伸至利雅得地区，并将单回通道加强为双回。南北两端太阳能基地分别通过东部、西部及中部三条纵向交流通道接入沙特阿拉伯电网，在满足负荷发展的同时，"南电北送、北电南送"适应性进一步增强。**阿联酋**加强国内 400 千伏交流主干网，增加一回 400 千伏与海湾六国互联通道联络线，新建 2 回 400 千伏交流线路与阿曼形成互联。**约旦**加强国内 400 千伏交流主干网，围绕首都安曼形成 400 千伏双回环网，南北纵向输电通道进一步增强至 4 回 400 千伏线路。**伊朗**初步建成连接德黑兰、伊斯法罕和阿瓦士三大负荷中心区的 765 千伏骨干网架，并通过双回 765 千伏线路向南延伸至太阳能基地，东北部和西北部电网均形成 400 千伏双环网，加强东南部电网形成 400 千伏环网，并与核心区相连。**阿富汗**在喀布尔和坎大哈两大核心区形成区域性坏网，分别接受东北部水电和东南部太阳能基地外送电力。**外高加索三国**分别形成 500 千伏单环网，覆盖国内主要负荷中心，提高电力交换能力。

2035 年西亚电网互联示意如图 5-4 所示。

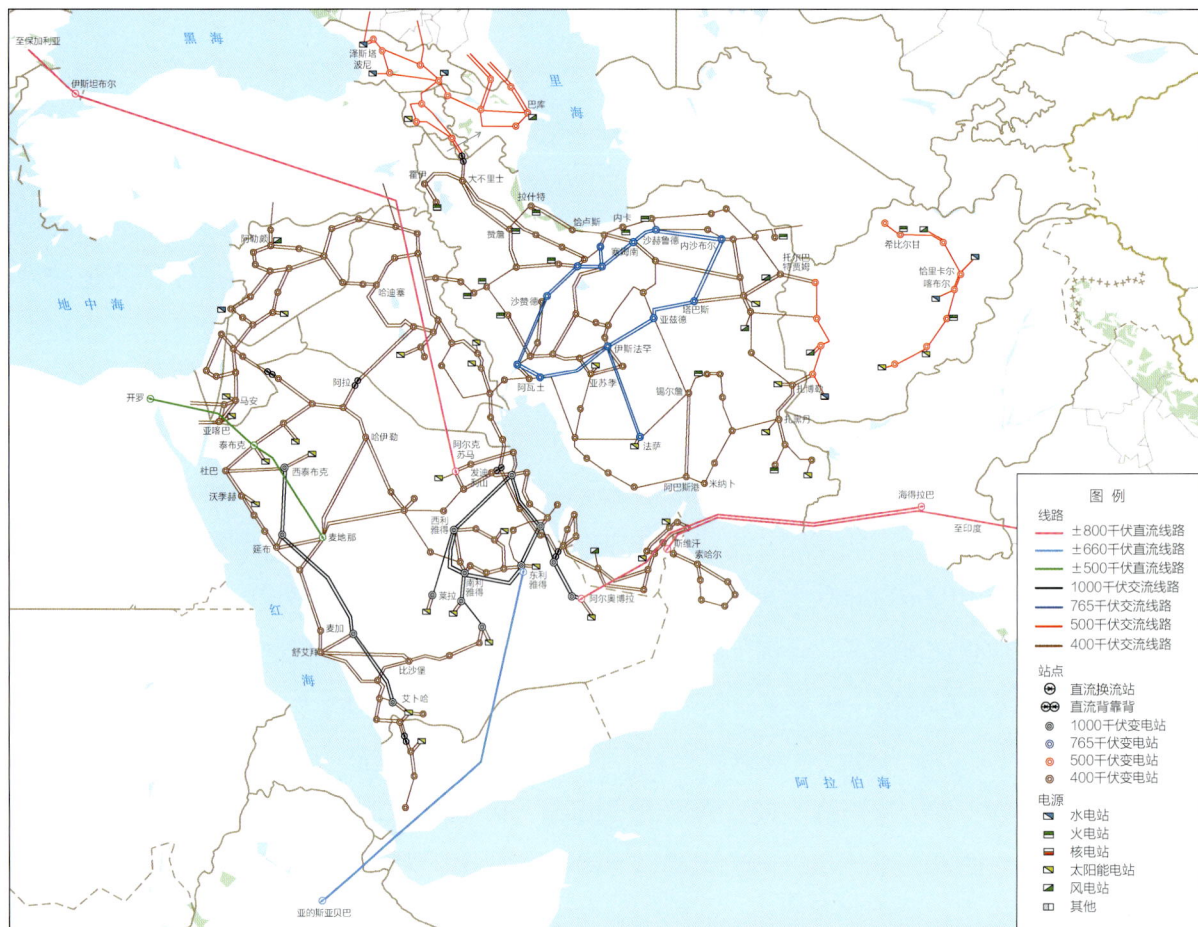

图 5-4　2035 年西亚电网互联示意图

2050 年，西亚用电量 3.9 万亿千瓦时，最大负荷 7.7 亿千瓦，电源装机容量 17.5 亿千瓦。

跨洲跨区，新增阿曼索哈尔—印度巴罗达 ±800 千伏直流和伊朗法萨—巴基斯坦胡兹达尔 ±660 千伏直流工程与南亚互联；新增 1 条 ±800 千伏直流输电工程与欧洲互联；新增 1 条 ±660 千伏直流输电工程与非洲互联。

区内，西亚各国国内电网网架进一步加强。西亚北部约旦、黎巴嫩、叙利亚和伊拉克等国跨国互联进一步加强；西亚东部伊朗和阿富汗加强交流互联，中部互联通道从单回 400 千伏加强为双回。**沙特阿拉伯**电网整体保持 2035 年的 380 千伏"品"字形主网架，围绕主要太阳能基地和首都负荷中心，1000/380 千伏交流主网架进一步加强，局部形成多网孔坚强结构，满足新增的太阳能发电外送与消纳。西部电网升级为覆盖红海沿岸清洁能源基地的 1000/380 千伏双链式结构，联通北、南部太阳能基地，连接泰布克、麦地那和麦加等负荷中心，提高向西海岸负荷中心供电可靠性。**阿联酋**进一步加强国内北部 400 千伏交流线路形成环网。**约旦**进一步加强国内南部 400 千伏交流线路，围绕港口亚喀巴和主要城市马安，形成双回 400 千伏环网，新建

2 回 400 千伏线路与沙特阿拉伯形成互联，新增 2 回 400 千伏线路与埃及加强互供互送。**伊朗**进一步加强 765 千伏主网架，围绕中部负荷中心形成"日"字形环网，并向南北延伸 765 千伏输电线路消纳太阳能基地的清洁电力。南部沿海 400 千伏电网进一步向东延伸，形成东南部环网，提高电力交换能力。**阿富汗**通过北部横向单回 500 千伏线路和南部横向双回 500 千伏线路加强东西部联系，初步建成覆盖全国的 500 千伏环网，连接国内各主要负荷中心和清洁能源基地。**外高加索三国** 500 千伏环网部分线路加强为双回，进一步提高输电能力。

2050 年西亚电网互联示意如图 5-5 所示。

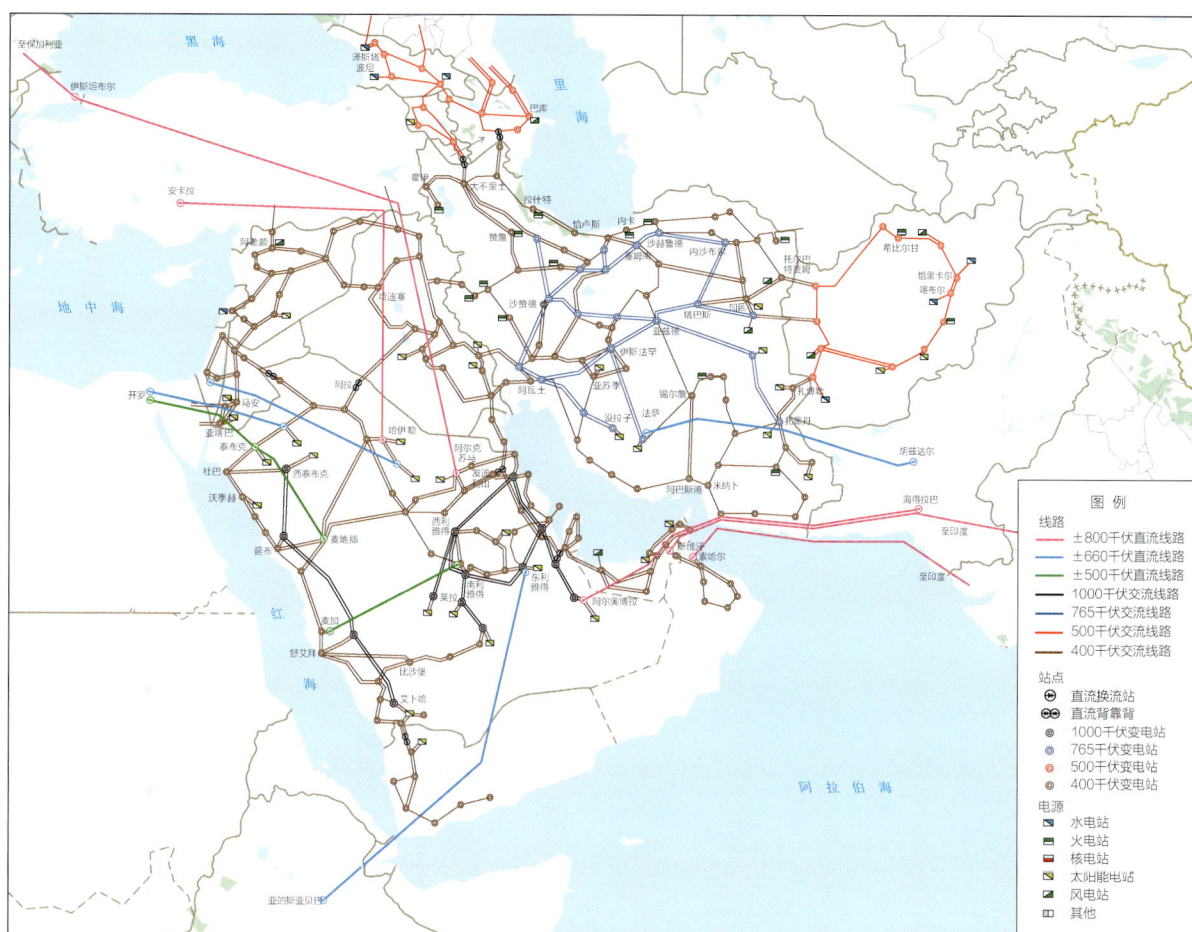

图 5-5　2050 年西亚电网互联示意图

5.3 重点互联互通工程

5.3.1 西亚—欧洲互联工程

沙特阿拉伯阿尔克苏马—土耳其伊斯坦布尔—保加利亚哈斯科沃 ±800 千伏直流输电工程，定位将沙特阿拉伯北部大型太阳能基地电力，输送至土耳其，满足土耳其中西部城市群不断增长的负荷需求，拟采用 ±800 千伏直流，输送容量 800 万千瓦，线路长度约 2800 千米，2035 年前建成。工程总投资约 53 亿美元，输电价约 1.98 美分 / 千瓦时。

沙特阿拉伯哈伊勒—土耳其安卡拉 ±800 千伏直流输电工程，定位将沙特阿拉伯太阳能外送土耳其，拟采用 ±800 千伏直流，输送容量 800 万千瓦，线路长度约 2200 千米，2050 年前建成。工程总投资约 47 亿美元，输电价约 1.73 美分 / 千瓦时。

西亚—欧洲互联工程如图 5-6 所示。

图 5-6 西亚—欧洲互联工程

5.3.2 西亚—非洲互联工程

沙特阿拉伯麦地那—沙特阿拉伯泰布克—埃及开罗 ±500 千伏三端直流输电工程，定位将沙特阿拉伯太阳能外送埃及，拟采用 ±500 千伏直流，输送容量 300 万千瓦，线路长度约 1300 千米，其中跨海长度 20 千米，2035 年前建成。工程总投资约 16 亿美元，输电价约 1.51 美分 / 千瓦时。

沙特阿拉伯利雅得—埃塞俄比亚亚的斯亚贝巴 ±660 千伏直流输电工程，定位汇集埃塞俄比亚复兴大坝和吉贝水电基地电力与沙特阿拉伯光伏互济，减少季节性火电装机，缓解西亚地区调峰压力，为两区域提供多样化能源供应。拟采用 ±660 千伏直流，输送容量 400 万千瓦，线路长度约 2000 千米，其中跨海长度 40 千米，2035 年前建成。工程总投资约 21 亿美元，输电价约 1.50 美分 / 千瓦时。

沙特阿拉伯泰布克—埃及开罗 ±660 千伏直流输电工程，定位将沙特阿拉伯太阳能外送埃及，拟采用 ±660 千伏直流，输送容量 400 万千瓦，线路长度约 700 千米，其中跨海长度 20 千米，2050 年前建成。工程总投资约 14 亿美元，输电价约 0.98 美分 / 千瓦时。

西亚—非洲互联工程如图 5-7 所示。

图 5-7　西亚—非洲互联工程

5.3.3　西亚—南亚互联工程

沙特阿拉伯阿尔奥伯拉—巴基斯坦海得拉巴 ±800 千伏直流输电工程，定位将沙特阿拉伯太阳能外送巴基斯坦，拟采用 ±800 千伏直流，输送容量 800 万千瓦，线路长度约 2200 千米，其中跨海长度 100 千米，2035 年前建成。工程总投资约 45.5 亿美元，输电价约 1.57 美分 / 千瓦时。

阿联酋斯维汗—印度斋普尔 ±800 千伏直流输电工程，定位将阿联酋太阳能外送印度，缓解印度随着人口总量、人均用电量和电力覆盖人口的增加所带来的电力供需矛盾，拟采用 ±800 千伏直流，输送容量 800 万千瓦，线路长度约 2300 千米，其中跨海长度 100 千米，2035 年前建成。工程总投资约 46.4 亿美元，输电价约 1.60 美分 / 千瓦时。

阿曼索哈尔—印度巴罗达 ±800 千伏直流输电工程，定位将阿曼太阳能外送印度，拟采用 ±800 千伏直流，输送容量 800 万千瓦，线路长度约 2300 千米，其中跨海长度 1000 千米，2050 年前建成。工程总投资约 88.9 亿美元，输电价约 3.08 美分 / 千瓦时。

伊朗法萨—巴基斯坦胡兹达尔 ±660 千伏直流输电工程，定位将伊朗太阳能外送巴基斯坦，拟采用 ±660 千伏直流，输送容量 400 万千瓦，线路长度约 1400 千米，2050 年前建成。工程总投资约 16.8 亿美元，输电价约 1.17 美分 / 千瓦时。

西亚—南亚互联工程如图 5-8 所示。

图 5-8　西亚—南亚互联工程

5.4 投资估算

5.4.1 投资估算原则

西亚能源互联网投资包括电源投资和电网投资两部分。电源投资根据单位容量投资成本和投产容量进行测算，电网投资根据各电压等级电网投资造价进行估算。

电源投资方面，根据各类电源技术发展趋势，结合国际能源署、彭博新能源财经等国际能源机构相关研究成果，预测 2035、2050 年各类电源单位容量投资成本。预计到 2050 年太阳能、风电单位投资成本较 2016 年分别降低 60% 和 50%。各水平年各类电源单位投资成本预测如表 5-1 所示。

表 5-1 各水平年各类电源单位投资成本预测

单位：美元 / 千瓦

电源类型	2035 年	2050 年
火电	700	750
水电	2600	2000
光伏	500（基地成本：400）	280（基地成本：230）
光热	3380	2760
陆上风电	850（基地成本：680）	650（基地成本：520）
海上风电	1260	1060
核电	5500	5500
其他	4300	4000

电网投资方面，特高压电网主要参考中国、巴西等同类工程造价进行测算，并结合西亚工程造价实际情况进行调整，各电压等级电网投资测算参数如表 5-2 所示。西亚各国 765/500/400（380）千伏电网与 345 千伏及以下电网投资规模比例按 1：5 考虑。

表 5-2　各电压等级电网投资测算参数

工程类别	变电站、换流站（美元/千伏安、美元/千瓦）	线路（万美元/千米）	海底电缆（万美元/千米）❶
1000 千伏 交流	67	83	—
765 千伏 交流	41	53	—
500 千伏 交流	39	34	—
400（380）千伏 交流	33	22	—
±500 千伏 直流	118	38	250
±660 千伏 直流	119	52	300
±800 千伏 直流	126	90	440

5.4.2　投资估算结果

2020—2050 年，西亚能源互联网总投资约 3.28 万亿美元，其中电源投资约 2.79 万亿美元，占总投资的 85%。电网投资约 4814 亿美元，占总投资的 15%。西亚能源互联网投资规模与结构如图 5-9 所示。

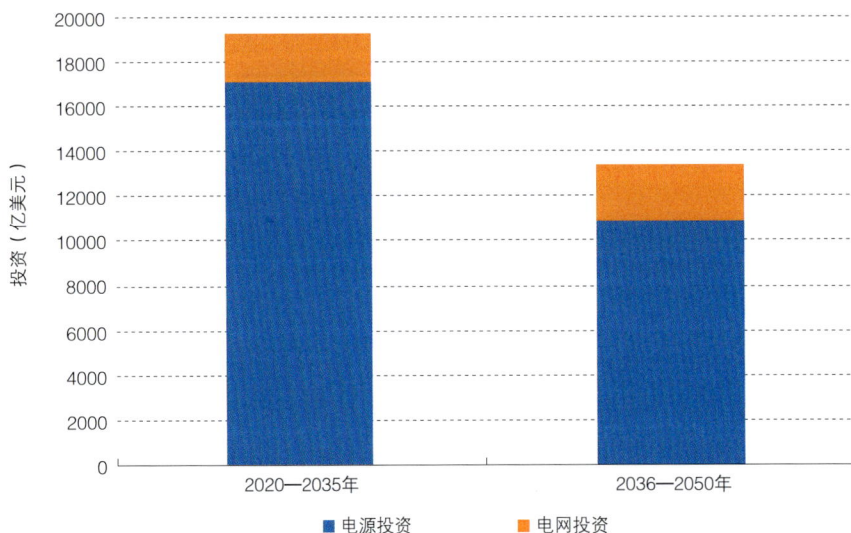

图 5-9　西亚能源互联网投资规模与结构

---

❶ 表中数据适用于水深小于 100 米的浅海区域。根据实际调研，对于 100~200 米海深的海缆工程，粗略估计造价上浮约 25%，对于 200 米以上的海缆工程，造价需进一步上浮约 30%。

2020—2035 年，西亚能源互联网投资约 1.94 万美元。电源投资约 1.71 万美元，占比 88%。电网投资约 2262 亿美元，其中特高压电网投资约 180 亿美元、400（380）/500/765 千伏电网投资约 347 亿美元、345 千伏及以下电网投资约 1735 亿美元。

2036—2050 年，西亚能源互联网投资约 1.34 万亿美元。电源投资约 1.08 万亿美元，占比 81%。电网投资约 2552 亿美元，其中特高压电网投资约 128 亿美元、400（380）/500/765 千伏电网投资约 404 亿美元、345 千伏及以下电网投资约 2020 亿美元。

2020—2050 年西亚电源和电网投资规模与结构如图 5-10 和图 5-11 所示。

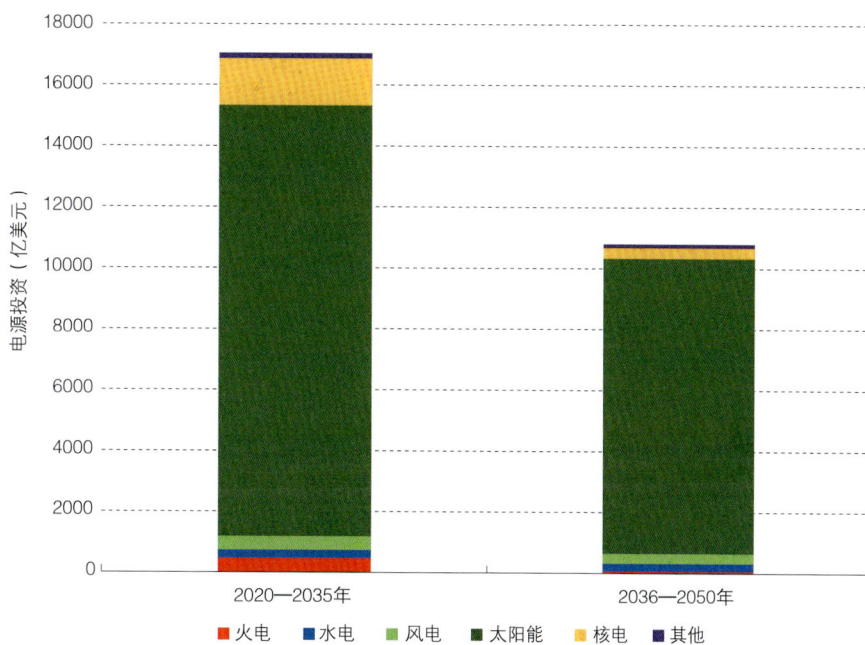

图 5-10　2020—2050 年西亚电源投资规模与结构

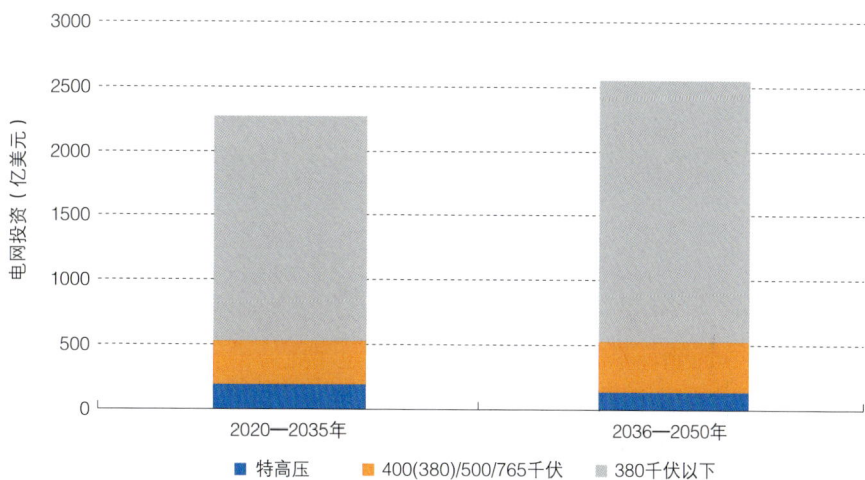

图 5-11　2020—2050 年西亚电网投资规模与结构

Chapter **6**

综合效益

西亚能源互联网是推动西亚经济发展、社会进步、环境改善与政治和谐的重要举措，综合效益显著。

6.1　经济效益

电网建设拉动区域投资。发挥西亚各国清洁能源资源禀赋优势，建立大规模清洁能源基地。到 2050 年，西亚能源互联网新增输电线路长度超过 12 万千米、变电容量 14 亿千伏安，总投资额达到 3.28 万亿美元，带动西亚地区电网投资约 4814 亿美元，电源投资约 2.79 万亿美元，对经济增长的贡献率可达 2.7%。

电力出口带动经济发展。根据西亚各国及其周边国家的发展需求，形成以电力促工业，以贸易促投资的良性经济发展模式。通过建立清洁能源基地，广泛运用特高压输电、大规模储能以及智能配电网技术，实现跨国跨区域电力贸易，并带动上下游产业链相关产业协同发展。

绿色能源实现经济可持续发展。作为重要的清洁能源基地，2050 年西亚地区清洁能源占一次能源比重将达到 58%，其中沙特阿拉伯、阿联酋等国清洁能源将占比分别达到 68% 和 70%。西亚能源互联网建设将有效减少西亚各国对化石能源的过度依赖，实现能源产业多元化，推动绿色经济可持续发展。

6.2　社会效益

带动基础设施建设，创造新增就业岗位。构建西亚能源互联网涉及电源开发、电网建设、电力生产、电工装备、电能替代、信息通信技术等诸多领域。通过建设西亚能源互联网可以有力带动相关产业的发展，推动当地基础设施建设与升级，从而创造和释放更多就业岗位。到 2050 年，西亚能源互联网建设将创造约 1900 万个就业岗位。

促进产业多元化，实现社会均衡发展。西亚能源互联网建设将助力西亚各国突破能源禀赋限制导致的社会发展不均衡困局。通过实现电力互联互通，以绿色能源满足社会发展需求，从而在产业、教育、医疗、社会福利等方面整体提升社会发展水平，缩小各国、各区域间发展差异，实现西亚地区均衡发展。

6.3 环境效益

减少温室气体排放。化石能源利用是二氧化碳排放的主要来源，约占二氧化碳总排放量的85%。西亚人口和经济增长较快，驱动能源需求增长，二氧化碳排放量也随之持续增长，加速清洁能源开发利用，有效控制能源利用方面的二氧化碳排放，是应对气候变化的关键。建设西亚能源互联网，以电网互联互通加速清洁能源高效、规模化开发利用，可以实现清洁能源优化配置和快速发展。通过"清洁替代"从源头上控制温室气体排放，通过"电能替代"促进各终端部门减排，从而实现温升控制目标。构建西亚能源互联网，至2035年能源系统年二氧化碳排放降至约17亿吨，较政策延续情景减少39%；至2050年能源系统年二氧化碳排放进一步降至约11亿吨，较政策延续情景减少59%，如图6-1所示。

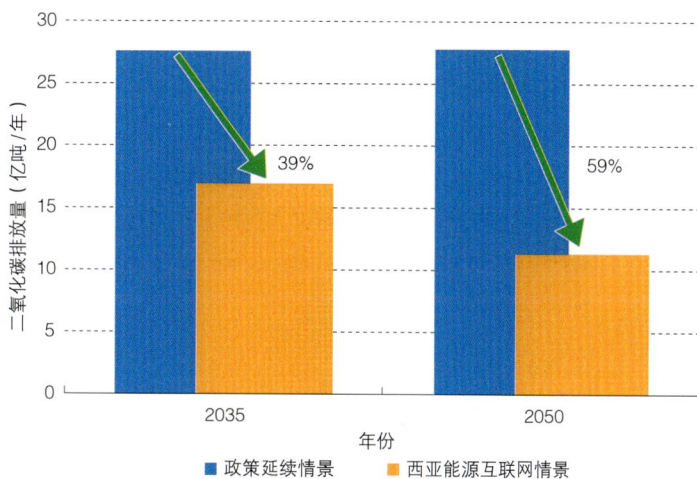

图 6-1 西亚能源互联网碳减排效益

减少气候相关灾害。气候灾害主要包括干旱灾害、洪涝灾害、风灾等，是由气候原因引起的自然灾害。构建西亚能源互联网，从源头上减少温室气体排放，减缓全球和区域气候系统的异常变化和极端事件，有效降低西亚的气候灾害发生风险；利用先进输电、智能电网技术，提升能源电力基础设施防灾能力和气候韧性，大力推进电力普及，促进解决无电人口用电问题，减少因气候灾害造成的经济损失和人员伤亡。

减少大气污染物排放。二氧化硫、氮氧化物和细颗粒物是全球三大主要空气污染物，化石能源消费是造成空气污染的重要原因。西亚地区依赖化石能源，可吸入颗粒物等空气污染问题严重，构建西亚能源互联网，实施"清洁替代"，促进清洁能源大规模开发利用，从污染源头上直接减少化石能源生产、使用、转化全过程的空气污染物排放，实现以清洁、经济、高效方式破解"心肺之患"；实施"电能替代"，推动工业、交通、生活部门使用的煤炭、石油和天然气被清洁电力取代，减少工业废气、交通尾气、生活和取暖废气等排放，深度挖掘和释放各行业减排潜力，实现终端用能联动升级、空气污染联动治理。到 2035 年，与政策延续情景相比，每年可减少排放二氧化硫 80 万吨、氮氧化物 310 万吨、细颗粒物 20 万吨，如图 6-2 所示；到 2050 年，与政策延续情景相比，每年可减排二氧化硫 130 万吨、氮氧化物 460 万吨、细颗粒物 40 万吨，如图 6-3 所示。

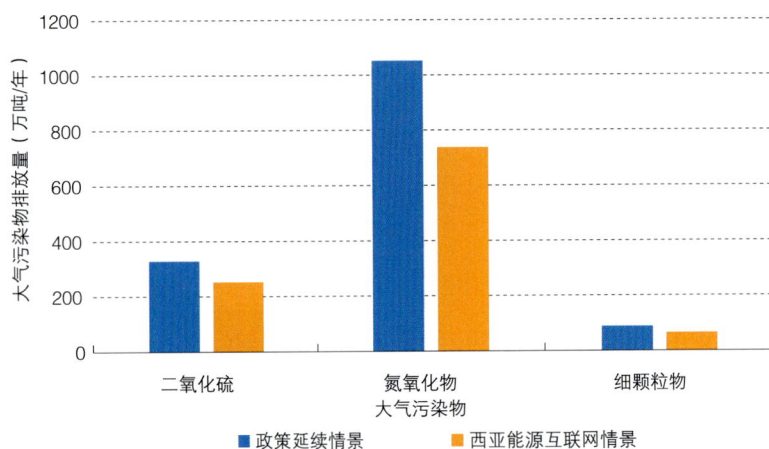

图 6-2　2035 年西亚能源互联网大气污染物减排效益

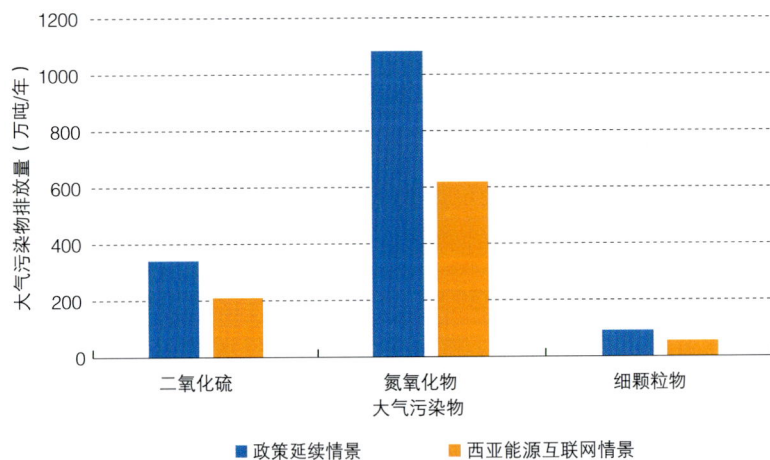

图 6-3　2050 年西亚能源互联网大气污染物减排效益

提高土地资源价值。提高土地资源价值主要是指在荒漠化土地等人类未利用的土地上统筹开发清洁能源，提升土地经济价值，节约高价值土地的占用，实现经济社会发展与环境保护的有机结合。构建西亚能源互联网，在鲁卜哈利沙漠、内夫得沙漠和达赫纳沙漠等土地贫瘠、清洁能源资源丰富地区开发风能、太阳能等，增加地表粗糙度和覆盖度，促进增加区域降水并有效降低土壤水分蒸发量，促进荒漠土地恢复；通过互联互通将荒漠地区的清洁电能送至负荷地区，将生态环境劣势转化为资源开发利用优势，通过清洁能源外送、产业结构升级、资源协同开发等综合措施推动实施植树造林、改善土壤质量和建设农业基础设施，以保护水土和恢复生态环境。到 2035 年，西亚每年可提高土地资源价值 40 亿美元；到 2050 年，西亚每年可提高土地资源价值 80 亿美元。

6.4 政治效益

促进西亚政治互信。通过构建西亚能源互联网，建立能源、投资、经贸、安全等多层面、多领域的交往与合作机制。各国通过清洁能源共享、电力互联互通和跨洲跨国交易，以电力设施互联建设带动区域民心相通，推动各国政策沟通，进而增强区域政治互信，促进区域和平与稳定发展。

促进西亚协调发展。通过构建西亚能源互联网，形成连接能源基地与负荷中心的电力通道，加快清洁能源资源开发和消纳。加强西亚各国能源互联网建设上的合作，推动政府间相关政策的积极协同，形成多领域全方位的互利共赢合作模式。

Chapter

7

实现 1.5 摄氏度温控目标发展展望

为进一步减小全球气候系统风险，降低气候变化对自然系统和人类系统影响，实现气候安全，《巴黎协定》提出把全球平均气温升幅控制在工业化前水平以上低于 2 摄氏度，并努力将气温升幅限制在工业化前水平以上 1.5 摄氏度之内。为实现 1.5 摄氏度温控目标，西亚各国碳排放需迅速达峰并加速下降，力争 2050 年左右实现净零排放。构建西亚能源互联网，通过搭建清洁能源开发、配置和使用的互联互通大平台，能够开发和利用区域内丰富的清洁能源资源和减排潜力，这将为全球进一步将温升控制在 1.5 摄氏度以内提供重要支持。本章通过在能源供应侧加快清洁替代，在能源消费侧加大电能替代力度和深度，合理应用碳捕集与封存及负排放技术，研究和提出西亚能源互联网加快发展情景方案，以促进全球实现 1.5 摄氏度温控目标。

7.1 实施路径

充分发挥西亚清洁能源资源丰富、地理位置优越的优势，在能源政策与战略中将明确有限发展可再生能源。进一步推广普及各类电气化技术终端应用，持续加强区域能源合作，将有效促进西亚加速能源清洁低碳转型，显著提升应对气候变化的行动力度和减排效果。

7.1.1 清洁替代

能源供应侧加快清洁替代。充分利用清洁能源发电成本快速下降和区域经济快速发展的机遇，制定更大力度支持清洁能源产业发展的政策，建立更有利于清洁能源规模化、集约化开发和大范围互补、高效利用的机制，迅速提高清洁能源在西亚能源供应中的比重，降低化石能源比重和温室气体排放水平。

风能开发方面 ▶ 重点在阿拉伯半岛东南端、波斯湾西部沿岸、阿曼南部沿海、叙利亚北部和伊朗东部加快风电大规模基地式开发。

太阳能开发方面 ▶ 重点在沙特阿拉伯、阿联酋、阿曼、叙利亚、伊拉克、伊朗和阿富汗等国加快太阳能发电基地式开发。

7.1.2 电能替代

能源消费侧深化电能替代。 加快改革西亚化石能源补贴政策，增强清洁电能竞争力，提高电能替代经济性。加大配套财政补贴和税收减免等政策力度，进一步加快电能替代相关技术研发速度，支持电气化产业发展，充分激发电能替代潜力，迅速扩大电能消费规模，推动终端用能结构以更快速度调整。

直接电能替代方面

加强电能替代政策性支持，加大电动汽车、电动机械等技术攻关和产业扶持力度，优化基础设施布局，构建新的商业模式和产业生态；大力发展电制冷、海水淡化技术，扩大用电规模；加快推动动力电池、热泵等关键技术发展与突破，支持工业领域工艺创新，进一步提升直接电能替代经济效益；大力推广电锅炉、电窑炉、热泵、电钻机、电排灌等电能替代应用，激发电能替代市场活力。

间接电能替代方面

积极发展电制氢及燃料电池、电制合成燃料和原材料等新型电气化技术；加速推进相关基础设施建设，提升电制氢、电制合成燃料生产规模以及运输、配置效率；促进成本快速下降，2040 年左右在金属冶炼、长途客运 / 货运、航空航海等领域大规模推广应用，进一步提高电气化、清洁化水平。

7.1.3 固碳减碳

推动固碳减碳技术应用。 在更大力度推动能源供应侧清洁替代和能源消费侧电能替代、减少温室气体排放的基础上，进一步通过政策支持积极推动固碳减碳技术研发和商业化、规模化应用，直接减少空气中的温室气体。

碳捕集技术方面

碳捕集与封存技术二氧化碳减排成本正逐步下降，预计到 2030 年初步具备应用经济性，远期将大规模应用于电力热力生产、重工业、化工等领域。为实现 1.5 摄氏度温控目标，火电厂和工业碳排放源将逐步普及配置碳捕集装置。

森林碳汇方面

在阿拉伯半岛近海的干旱与半干旱地区，通过海水淡化补充淡水资源，扩大植被覆盖面积，促进生态修复，提高固碳能力。

7.2 情景方案

综合考虑西亚清洁发展趋势、经济发展条件、技术创新方向、碳减排形势等方面要求，在前述章节西亚能源互联网促进实现 2 摄氏度温控目标情景方案基础上，通过加快实施清洁替代、电能替代、固碳减排等方面技术，研究和提出西亚能源互联网促进实现 1.5 摄氏度温控目标情景方案。

7.2.1 能源需求

能源供应侧清洁替代速度加快，化石能源需求提前达峰，达峰后快速下降。能源消费侧深度电能替代和能源效率提升，电能占终端能源比重大幅提升。

一次能源需求，按发电煤耗法计算，2035、2050 年需求分别达到 17.6 亿、18.1 亿吨标准煤，2017—2050 年年均增速达到 1.4%。实现 1.5 摄氏度温控目标的西亚一次能源需求预测如图 7-1 所示。

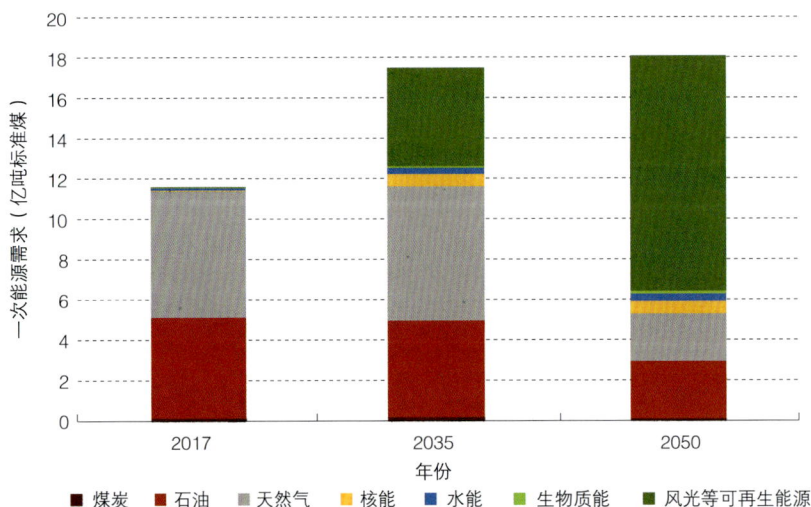

图 7-1 实现 1.5 摄氏度温控目标的西亚一次能源需求预测

西亚清洁替代速度持续加快，清洁能源在一次能源需求结构中的比重持续提升，2035、2050 年清洁能源占一次能源比重分别提升至 37%、77%。实现 1.5 摄氏度温控目标的西亚清洁能源占比预测如图 7-2 所示。

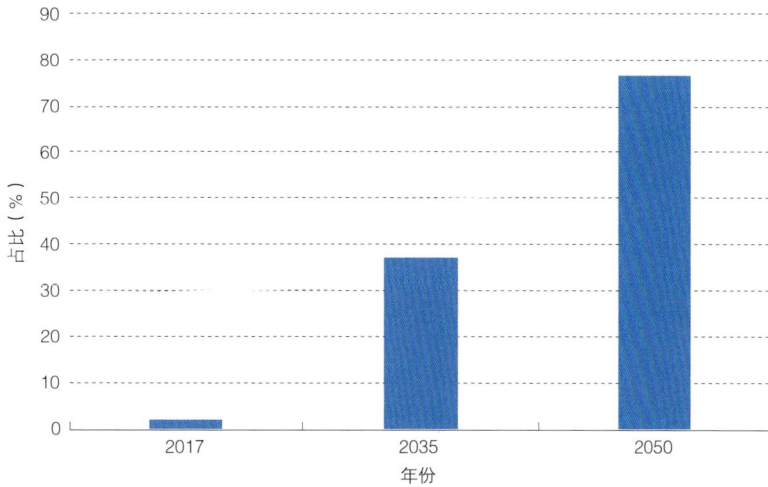

图 7-2 实现 1.5 摄氏度温控目标的西亚清洁能源占比预测

终端能源需求，2035 年前较快增长，年均增速 2.8%，随后开始下降，2035、2050 年终端能源需求总量分别为 12.4 亿、11 亿吨标准煤。终端化石能源需求大幅下降，2035、2050 年分别下降至 8.8 亿、3.6 亿吨标准煤。深度电能替代在终端各用能部门加快推进，预计到 2035 年和 2050 年，电能占终端能源比重分别达到 31% 和 62%。实现 1.5 摄氏度温控目标的西亚终端能源需求预测如图 7-3 所示。

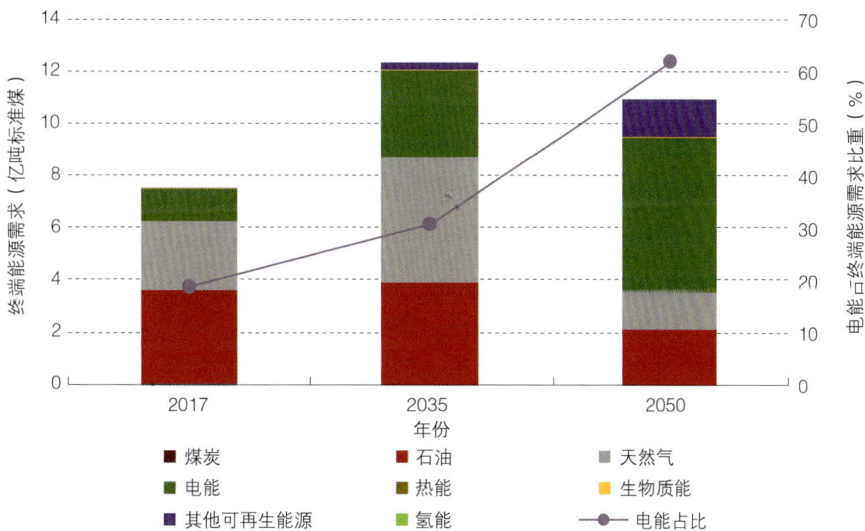

图 7-3 实现 1.5 摄氏度温控目标的西亚终端能源需求预测

7.2.2 电力需求

电力需求总量。2035 年，西亚总用电量约 2.7 万亿千瓦时，年均增速 5.6%；最大负荷约 5.2 亿千瓦，年均增速 4.8%；年人均用电量 6865 千瓦时。**2050 年，**西亚总用电量约 4.8 万亿千瓦时，年均增速 4%；最大负荷约 9.5 亿千瓦，年均增速 4.1%；年人均用电量 10623 千瓦时。实现 1.5 摄氏度温控目标的西亚电力需求预测如图 7-4 所示。

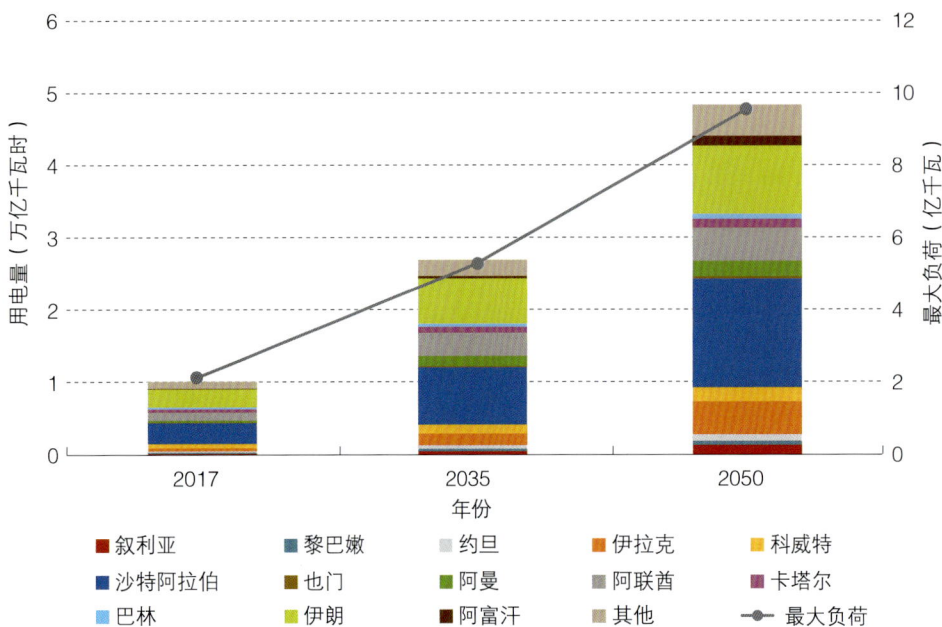

图 7-4　实现 1.5 摄氏度温控目标的西亚电力需求预测

主要国家用电情况。2035 年，叙利亚、黎巴嫩、约旦、伊拉克和也门用电量分别为 469 亿、343 亿、454 亿、1633 亿千瓦时和 146 亿千瓦时，分别占总用电量的 1.7%、1.3%、1.7%、6.1% 和 0.5%。科威特、沙特阿拉伯、阿曼、阿联酋、卡塔尔和巴林用电量分别为 1291 亿、7900 亿、1400 亿、3200 亿、833 亿千瓦时和 405 亿千瓦时，分别占总用电量的 4.8%、29.3%、5.2%、11.9%、3.1% 和 1.5%。伊朗和阿富汗用电量分别为 6300 亿千瓦时和 339 亿千瓦时，分别占总用电量的 23.4% 和 1.3%。**2050 年，**叙利亚、黎巴嫩、约旦、伊拉克和也门用电量分别为 1038 亿、540 亿、882 亿、4607 亿千瓦时和 305 亿千瓦时，分别占总用电量的 2.7%、1.1%、1.8%、9.5% 和 0.6%。科威特、沙特阿拉伯、阿曼、阿联酋、卡塔尔和巴林用电量分别为 1927 亿、15048 亿、2120 亿、4579 亿、1243 亿千瓦时和 678 亿千瓦时，分别占总用电量的 4.0%、31.1%、4.4%、9.5%、2.6% 和 1.4%。伊朗和阿富汗用电量分别为 9466 亿千瓦时和 1352 亿千瓦时，分别占总用电量的 19.6% 和 2.8%。实现 1.5 摄氏度温控目标的西亚各国用电量占比预测如图 7-5 所示。

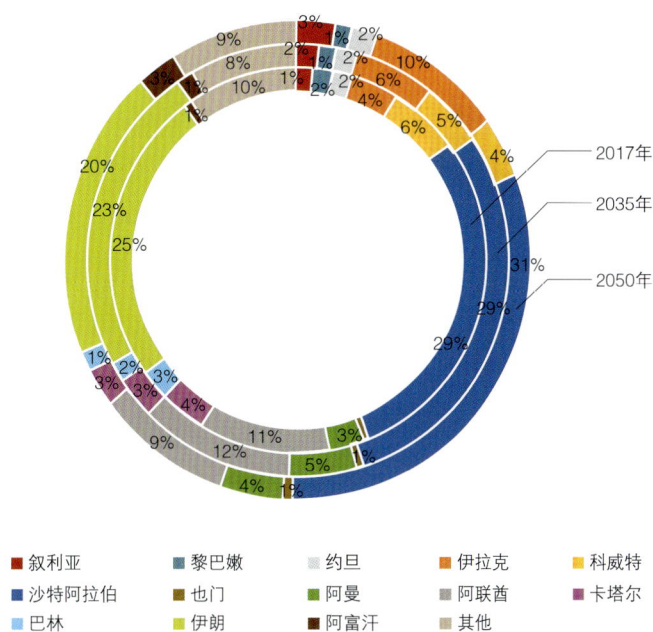

图 7-5　实现 1.5 摄氏度温控目标的西亚各国用电量占比预测

7.2.3　电力供应

西亚清洁能源装机占比进一步提高。实现 1.5 摄氏度温控目标的西亚电源装机结构如图 7-6 所示。

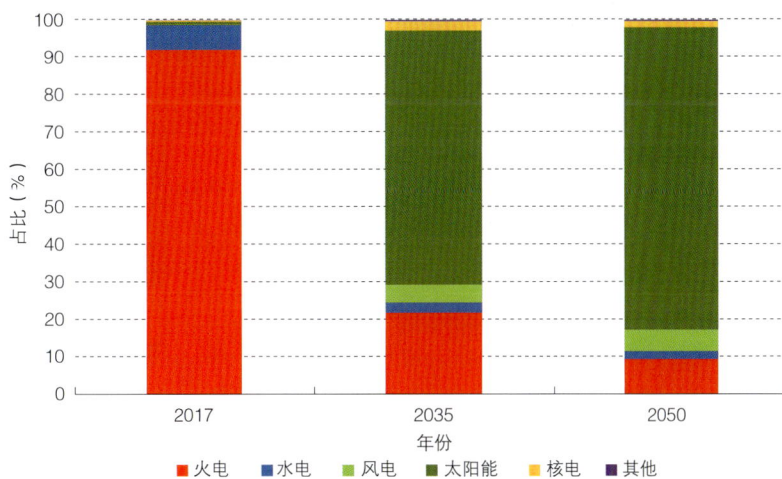

图 7-6　实现 1.5 摄氏度温控目标的西亚电源装机结构

电源装机总量。2035 年， 西亚电源装机容量 11.6 亿千瓦，其中清洁能源装机容量 9.1 亿千瓦，占比由 2017 年的 8% 提升至 78%。风电装机容量 5500 万千瓦，占比 4.7%；太阳能发电装机容量 7.9 亿千瓦，占比 68%；水电装机容量 3146 万千瓦，占比 2.7%；核电装机容量 2890 万千瓦，占比 2.5%。化石能源发电总装机容量 2.5 亿千瓦，占比由 2017 年的 92.1% 大幅下降至 21.7%。清洁能源发电量 2 万亿千瓦时，占比由 2017 年的 3.9% 提升至 71.2%。**2050 年，** 西亚电源总装机容量 21.5 亿千瓦，其中清洁能源发电装机容量 19.5 亿千瓦，占比提升至 90.7%。风电装机容量 1.3 亿千瓦，占比 5.8%；太阳能发电装机容量 17.4 亿千瓦，占比 80.9%；水电装机容量 4458 万千瓦，占比 2.1%；核电装机容量 3530 万千瓦，占比 1.6%。化石能源发电总装机容量进一步下降至 2 亿千瓦。清洁能源发电量 4.7 万亿千瓦时，占比提升至 87.9%。

主要国家电源装机情况。 2050 年，叙利亚、黎巴嫩、约旦、伊拉克和也门电源装机容量分别为 7022 万、1758 万、3905 万、20268 万千瓦和 2646 万千瓦，分别占西亚总电源装机容量的 3.3%、0.8%、1.8%、9.4% 和 1.2%。科威特、沙特阿拉伯、阿曼、阿联酋、卡塔尔和巴林电源装机容量分别为 6235 万、78410 万、10466 万、17269 万、3494 万千瓦和 1072 万千瓦，分别占西亚总电源装机容量的 2.9%、36.4%、4.9%、8.0%、1.6% 和 0.5%。伊朗和阿富汗电源装机容量分别为 43221 万千瓦和 3834 万千瓦，分别占西亚总电源装机容量的 20.1% 和 1.8%。实现 1.5 摄氏度温控目标的西亚各国电源装机展望如图 7-7 所示。

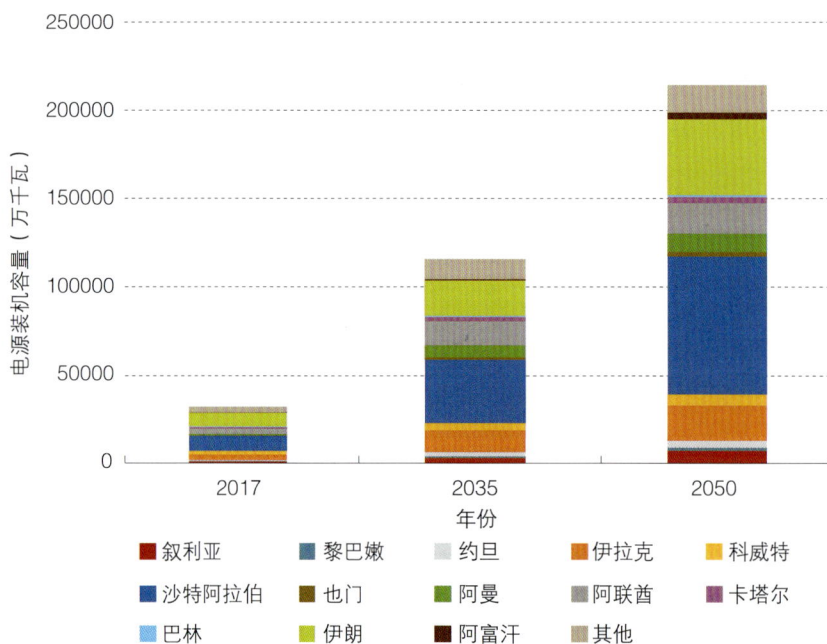

图 7-7 实现 1.5 摄氏度温控目标的西亚各国电源装机展望

7.2.4 电网互联

扩大大型清洁能源基地开发外送,进一步加强区内跨国互联规模,2050 年跨洲跨区跨国电力流规模达到 1.1 亿千瓦。西亚区域内加强国家间和各国内交流电网建设,提升清洁能源送出和消纳能力。实现 1.5 摄氏度温控目标的西亚主要电力流示意如图 7-8 所示。

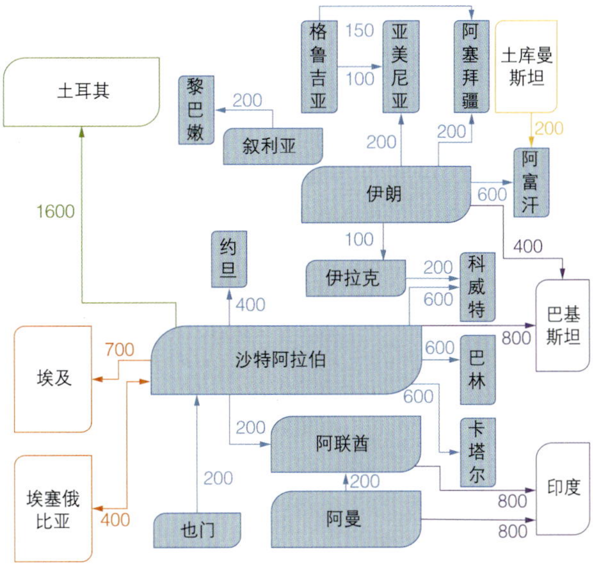

图 7-8　实现 1.5 摄氏度温控目标的西亚主要电力流示意图(单位:万千瓦)

2050 年,西亚电网保持以沙特阿拉伯和伊朗电网为双中心,区内各国电网广泛互联,跨洲跨区与南亚、非洲和欧洲相连的交直流互联格局。

7.2.5 比较分析

实现《巴黎协定》全球 1.5 摄氏度温控目标可显著降低气候变化风险,对人类和生态系统产生更大效益,同时也对世界各国能源低碳转型和高比例清洁能源系统构建提出了更高要求。西亚需要充分发挥资源和区位优势,推动供应侧高比例清洁替代、消费侧深度电能替代和采用先进成熟的新技术。进一步加快能源转型,压减化石能源消费,2050 年实现构建零碳能源系统,助力实现 1.5 摄氏度温控目标。

着眼于助力实现全球 1.5 摄氏度温控目标，西亚需要加速推动能源电力清洁低碳转型发展。 与助力实现全球 2 摄氏度温控目标相比，2050 年化石能源需求减少 42%；提升清洁能源开发比例，2050 年清洁能源电源装机增加 36%；加快电能替代，2050 年电能占终端能源比重提升约 15 个百分点；加强电网互联互通，提升资源配置能力，增加区内跨国电力流规模约 500 万千瓦；加大投资力度，到 2050 年清洁能源开发和电网建设投资累计增加 10%。2 摄氏度和 1.5 摄氏度情景下西亚能源电力分析如图 7-9 所示。

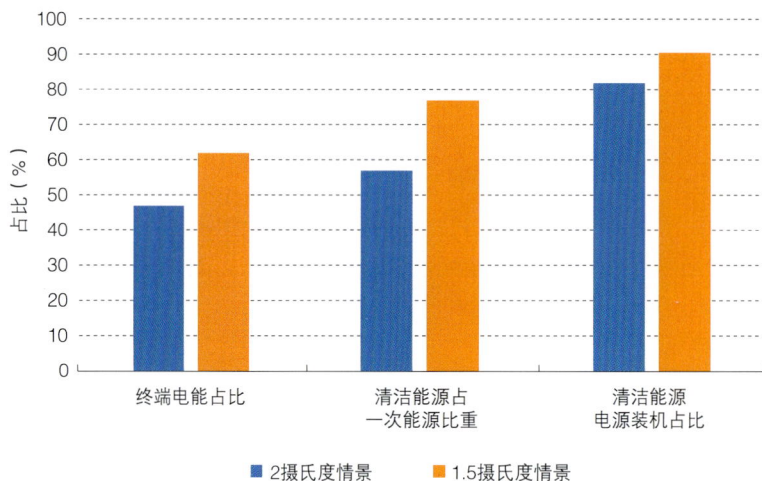

图 7-9　2 摄氏度和 1.5 摄氏度情景下西亚能源电力分析

Chapter 8

政策机制

加强西亚能源互联网理念传播与西亚各国能源转型政策有效对接。 加强西亚能源互联网理念与西亚区域各国发展战略对接，打造全方位能源合作共同体。西亚能源互联网将为推动和促进西亚地区能源转型升级提供良好平台，是区域各国开展能源合作的重要依托与纽带。有针对性地创设区域能源互联对话机制，使各方保持高频率、常态化沟通交流。区域各国可以通过共建西亚能源互联网对接各自发展战略，深化和拓展能源、贸易投资、基础设施建设、创新技术等领域合作。通过西亚能源互联理念与区域各国能源转型政策有效对接，为西亚地区快速实现现代化发展开拓新空间、注入新动力。

加速经济结构优化升级，培养新产业新动能。 加强政府引导和资本市场对西亚能源互联网建设支持力度，鼓励金融机构针对相关产业、研究设立战略性产业投资基金，加快相关上下游产业链的完善与合理产业布局。通过构建西亚能源互联网，推动传统制造业绿色改造，引导产业向更加清洁、安全的方向发展。通过构建高效、环保和资源循环利用的绿色产业体系，以清洁电为基础，电网互联为纽带，带动技术创新、绿色产业、共享经济、现代化产业链建设，实现经济整体结构的优化升级和产业多元化发展。

开展国际产能合作，建立更广泛的国际合作框架。 传统能源向清洁能源转型发展将带动基础设施投资不断扩大，有助于西亚各国基础设施建设升级和促进区域经济增长。将国际产能合作与基础设施升级相结合，推动各国相关企业加快国际合作步伐，扩大国际合作范围，搭建广泛参与的研究平台，以企业和相关组织推动政府积极制定助力国际合作的新政策、新机制，形成区域协调多方参与的多边能源产业国际合作框架。

积极开展区域协同能源电力建设研究。 以西亚各国能源转型发展规划为基础，综合考虑区域能源安全、经济发展、科技进步等因素，构建公开透明、广泛参与的科研机制。通过区域各国共同参与电网建设研究，使区域电网规划更好地与各国电网规划相结合，同时通过协调各国监管机构，研判需要协调的政策法规，借助专业组织形成统一、兼容的互联标准体系，形成一套较为合理完备的区域电力监管机制。

优化清洁能源税收政策设计。 清洁能源开发具有很强的外部性，其技术研发、技术改造和项目建设的投资收益往往小于社会收益，需要政府通过建立促进清洁能源发展的优惠税收促进机制，为清洁能源技术的开发与利用营造良好的创新氛围，逐步推进绿色低碳、节能环保等相关清洁产业发展，构建以清洁能源为主导的现代能源系统，围绕世界能源清洁、低碳发展目标加快布局。良好的区域税收政策将有效促进西亚地区清洁能源发展，应推动各国财政税收管理部门联合优化设计区域互免关税、免征退返增值税、减免抵扣所得税等区域统一的清洁能源税收政策，减轻清洁能源企业税务负担与企业成本，推动西亚清洁能源快速发展。

加快构建西亚区域电力市场。加速推动区域统一的跨国电能、辅助服务、输电通道容量等电力市场交易规则设计，为西亚各国市场主体提供公平、透明的区域跨国电力交易环境，消除能源电力跨国流动贸易壁垒。充分发挥市场在优化能源资源配置、促进能源转型、降低电力价格、提高生产效率、规避系统风险等方面的关键作用，保障西亚能源互联网创造更大效益。

附：西亚能源转型路线图

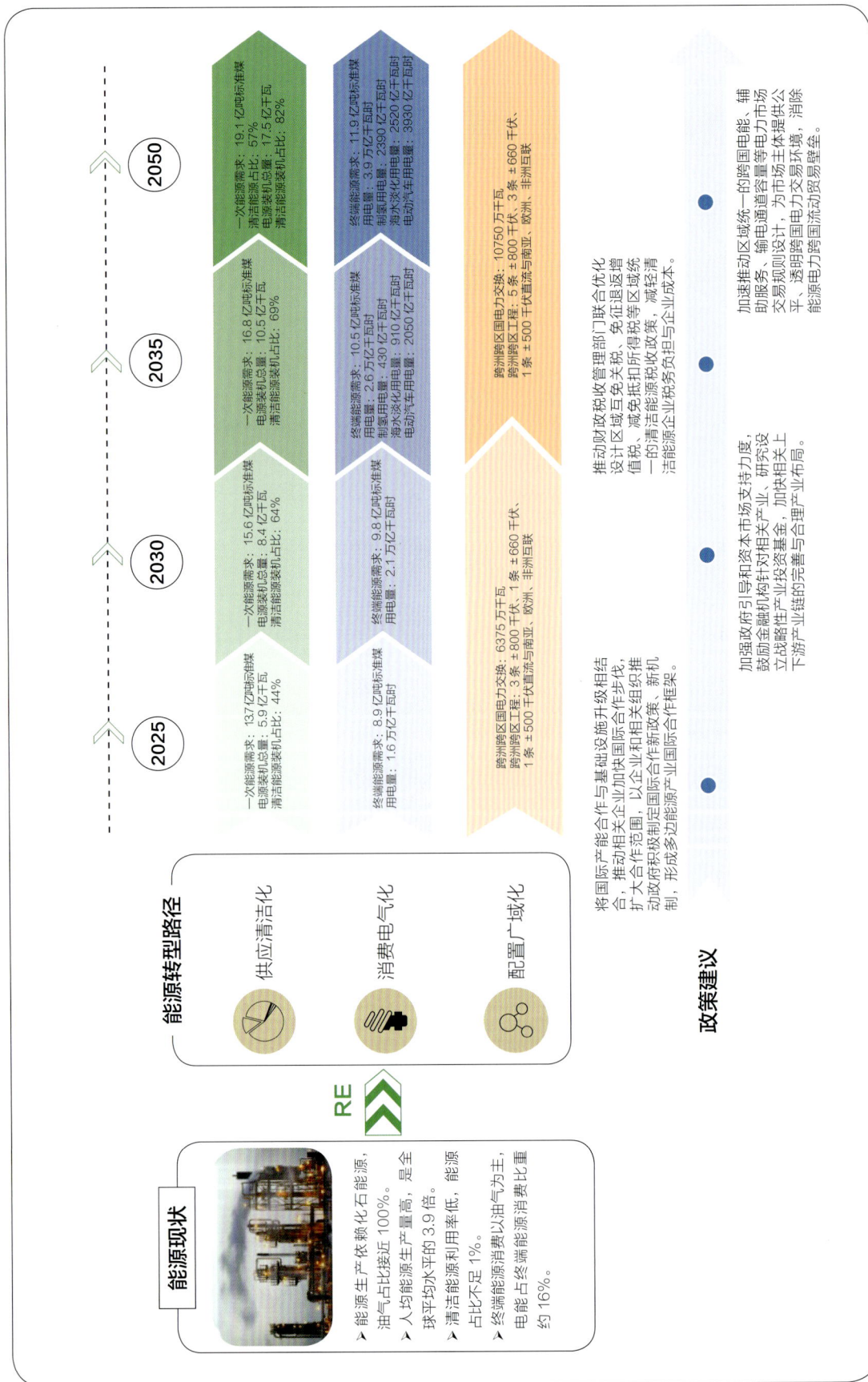

能源现状

- 能源生产依赖化石能源，油气占比接近 100%。
- 人均能源生产量高，是全球平均水平的 3.9 倍。
- 清洁能源利用率低，能源占比不足 1%。
- 终端能源消费以油气为主，电能占终端能源消费比重约 16%。

RE

能源转型路径

- 供应清洁化
- 消费电气化
- 配置广域化

	2025	2030	2035	2050
供应清洁化	一次能源需求：13.7亿吨标准煤 电源装机总量：5.9亿千瓦 清洁能源装机占比：44%	一次能源需求：15.6亿吨标准煤 电源装机总量：8.4亿千瓦 清洁能源装机占比：64%	一次能源需求：16.8亿吨标准煤 电源装机总量：10.5亿千瓦 清洁能源装机占比：69%	一次能源需求：19.1亿吨标准煤 清洁能源占比：57% 电源装机总量：17.5亿千瓦 清洁能源装机占比：82%
消费电气化	终端能源需求：8.9亿吨标准煤 用电量：1.6万亿千瓦时	终端能源需求：9.8亿吨标准煤 用电量：2.1万亿千瓦时	终端能源需求：10.5亿吨标准煤 用电量：2.6万亿千瓦时 制氢用电量：430亿千瓦时 海水淡化用电量：910亿千瓦时 电动汽车用电量：2050亿千瓦时	终端能源需求：11.9亿吨标准煤 用电量：3.9万亿千瓦时 制氢用电量：2390亿千瓦时 海水淡化用电量：2520亿千瓦时 电动汽车用电量：3930亿千瓦时
配置广域化	跨洲跨区国电力交换：6375万千瓦 跨洲跨区工程：3条±800千伏、1条±500千伏直流马南亚、欧洲、非洲互联		跨洲跨区电力交换：10750万千瓦 跨洲跨区工程：5条±800千伏、3条±660千伏、1条±500千伏直流马南亚、欧洲、非洲互联	

政策建议

- 将国际产能合作与基础设施升级相结合，推动相关企业加快国际合作步伐，扩大合作范围，以企业和相关组织推动政府积极制定国际合作新政策、新机制，形成多边能源产业国际合作框架。

- 推动政税收管理部门联合优化设计区域互免关税、免征退返增值税、减免抵扣所得税等区域统一的清洁能源税收政策，减轻清洁能源企业税务负担与合作成本。

- 加强政府引导和资本市场支持力度，鼓励励金融机构针对相关产业，立战略性产业投资基金，加快相关上下游产业链的完善与合理布局。

- 加速推动区域统一的跨国电能、辅助服务、输电通道容量等电力市场交易规则设计，为市场主体提供公平、透明跨国电力交易环境，消除能源电力跨国流动贸易壁垒。

参 考 文 献

［1］ 刘振亚. 全球能源互联网［M］. 北京：中国电力出版社，2015.

［2］ 刘振亚. 特高压交直流电网［M］. 北京：中国电力出版社，2013.

［3］ 全球能源互联网发展合作组织. 亚洲能源互联网发展与展望［M］. 北京：中国电力出版社，2019.

［4］ 中国社会科学院世界经济与政治研究所. 世界经济黄皮书：2018年世界经济形势分析与预测［M］. 北京：社会科学文献出版社，2018.

［5］ 田丰. 西亚北非主要国家经济走势及投资风险［J］. 中国外资，2018,12:42-44.

［6］ 韩永辉，罗晓斐，邹建华. 中国与西亚地区贸易合作的竞争性和互补性研究——以"一带一路"战略为背景［J］. 世界经济研究，2015, 000(003):89-98.

［7］ 刘东. 沙特发布《2030愿景》产油国谋求经济转型［J］. 国际石油经济，2017.

［8］ 国际能源署. 化石能源燃烧 CO_2 排放［R］. 2019.

［9］ 联合国环境规划署. 全球环境展望6—西亚区域报告［R］. 2016.

［10］ 联合国环境规划署. 土地退化、荒漠化是西亚"最严峻的挑战"，随着滚动的冲突破坏环境和人类健康：全球环境展望6—情况简报［R］. 2016.

［11］ KAPSARC. GCC Energy System Overview 2017［R］. Riyadh, 2017.

［12］ DEWA. Sustainability Report 2018［R］. Dubai, 2018.

［13］ Ventures ONSITE. Overview of the GCC Power Market［R］. Dubai, 2018.

［14］ World Bank. Middle East and North Africa Integration of Electricity Networks in the Arab World［R］. USA, 2013.

［15］ SEC. Annual Report 2017［R］. Riyadh, 2017.

［16］ NEPCO. Bulletin 2016［R］. Jordan, 2016.

［17］ Energy Pioneers. Iran's Power Industry Analysis［R］. Tehran, 2015.

［18］ 姚志荣，李博. 伊朗电力工业的概况和展望［J］. 国际电力，2004.

［19］ 张栋. 亚欧洲际输电送端地区电力外送潜力研究［J］. 电网技术，2015.

图书在版编目（CIP）数据

西亚能源互联网研究与展望 / 全球能源互联网发展合作组织著 . —北京：中国电力出版社，2021.8
ISBN 978-7-5198-5853-7

Ⅰ . ①西… Ⅱ . ①全… Ⅲ . ①互联网络－应用－能源发展－研究－西亚 Ⅳ . ① F437.062

中国版本图书馆 CIP 数据核字（2021）第 147928 号

审图号：GS（2021）2930 号

出版发行：中国电力出版社
地　　址：北京市东城区北京站西街 19 号（邮政编码 100005）
网　　址：http://www.cepp.sgcc.com.cn
责任编辑：孙世通（010-63412326）　刘红强
责任校对：黄　蓓　王海南
装帧设计：张俊霞
责任印制：钱兴根

印　　刷：北京瑞禾彩色印刷有限公司
版　　次：2021 年 8 月第一版
印　　次：2021 年 8 月北京第一次印刷
开　　本：889 毫米 ×1194 毫米　16 开本
印　　张：6.5
字　　数：139 千字
定　　价：130.00 元